心一堂術數古籍珍本叢刊

書名：地理穿透真傳（虛白廬藏清初刻原本）

系列：心一堂術數古籍珍本叢刊 堪輿類 第三輯 222

作者：【清】張九儀

主編、責任編輯：陳劍聰

心一堂術數古籍珍本叢刊編校小組：陳劍聰 素聞 鄒偉才 虛白廬主

出版：心一堂有限公司

通訊地址：香港九龍旺角彌敦道六一○號荷李活商業中心十八樓○五—○六室

深港讀者服務中心·中國深圳市羅湖區立新路六號羅湖商業大廈負一層○○八室

電話號碼：(852)67150840

網址：publish.sunyata.cc

電郵：sunyatabook@gmail.com

網店：http://book.sunyata.cc

淘寶店地址：https://shop210782774.taobao.com

微店地址：https://weidian.com/s/1212826297

臉書：https://www.facebook.com/sunyatabook

讀者論壇：http://bbs.sunyata.cc/

版次：二零一八年十一月初版

平裝

定價：港幣　一百九十八元正
　　　新台幣　七百八十元正

國際書號·ISBN 978-988-8582-07-5

香港發行··香港聯合書刊物流有限公司

地址··香港新界大埔汀麗路36號中華商務印刷大廈3樓

電話號碼··(852)2150-2100

傳真號碼··(852)2407-3062

電郵··info@suplogistics.com.hk

台灣發行··秀威資訊科技股份有限公司

地址··台灣台北市內湖區瑞光路七十六巷六十五號一樓

電話號碼··+886-2-2796-3638

傳真號碼··+886-2-2796-1377

網絡書店··www.bodbooks.com.tw

台灣國家書店讀者服務中心··

地址··台灣台北市中山區松江路二○九號一樓

電話號碼··+886-2-2518-0207

傳真號碼··+886-2-2518-0778

網絡書店··http://www.govbooks.com.tw

中國大陸發行　零售··深圳心一堂文化傳播有限公司

深圳地址··深圳市羅湖區立新路六號羅湖商業大廈負一層○○八室

電話號碼··(86)0755-82224934

心一堂微店二維碼

心一堂淘寶店二維碼

心一堂術數古籍 珍本 整理 叢刊 總序

術數定義

術數，大概可謂以「推算（推演）、預測人（個人、群體、國家等）、事、物、自然現象、時間、空間方位等規律及氣數，並或通過種種『方術』，從而達致趨吉避凶或某種特定目的」之知識體系和方法。

術數類別

我國術數的內容類別，歷代不盡相同，例如《漢書・藝文志》中載，漢代術數有六類：天文、曆譜、五行、蓍龜、雜占、形法。至清代《四庫全書》，術數類則有：數學、占候、相宅相墓、占卜、命書、相術、陰陽五行、雜技術等，其他如《後漢書・方術部》、《藝文類聚・方術部》、《太平御覽・方術部》等，對於術數的分類，皆有差異。古代多把天文、曆譜、及部分數學均歸入術數類，而民間流行亦視傳統醫學作為術數的一環；此外，有些術數與宗教中的方術亦往往難以分開。現代民間則常將各種術數歸納為五大類別：命、卜、相、醫、山，通稱「五術」。

本叢刊在《四庫全書》的分類基礎上，將術數分為九大類別：占筮、星命、相術、堪輿、選擇、三式、讖諱、理數（陰陽五行）、雜術（其他）。而未收天文、曆譜、算術、宗教方術、醫學。

術數思想與發展——從術到學，乃至合道

我國術數是由上古的占星、卜筮、形法等術發展下來的。其中卜筮之術，是歷經夏商周三代而通過「龜卜、蓍筮」得出卜（筮）辭的一種預測（吉凶成敗）術，之後歸納並結集成書，此即現傳之《易

經》。經過春秋戰國至秦漢之際，受到當時諸子百家的影響、儒家的推崇，遂有《易傳》等的出現，原本是卜筮術書的《易經》，被提升及解讀成有包涵「天地之道（理）」之學。因此，《易·繫辭傳》曰：「易與天地準，故能彌綸天地之道。」

漢代以後，易學中的陰陽學說，與五行、九宮、干支、氣運、災變、律曆、卦氣、讖緯、天人感應說等相結合，形成易學中象數系統。而其他原與《易經》本來沒有關係的術數，如占星、形法、選擇，亦漸漸以易理（象數學說）為依歸。《四庫全書·易類小序》云：「術數之興，多在秦漢以後。要其旨，不出乎陰陽五行，生尅制化。實皆《易》之支派，傅以雜說耳。」至此，術數可謂已由「術」發展成「學」。

及至宋代，術數理論與理學中的河圖洛書、太極圖、邵雍先天之學及皇極經世等學說給合，通過術數以演繹理學中「天地中有一太極，萬物中各有一太極」（《朱子語類》）的思想。術數理論不單已發展至十分成熟，而且也從其學理中衍生一些新的方法或理論，如《梅花易數》、《河洛理數》等。

在傳統上，術數功能往往不止於僅僅作為趨吉避凶的方術，及「能彌綸天地之道」的學問，亦有其「修心養性」的功能，「與道合一」（修道）的內涵。《素問·上古天真論》：「上古之人，其知道者，法於陰陽，和於術數。」數之意義，不單是外在的算數、歷數、氣數，而是與理學中同等的「道」、「理」--心性的功能，北宋理氣家邵雍對此多有發揮：「聖人之心，是亦數也」、「萬化萬事生乎心」、「心為太極」。《觀物外篇》：「先天之學，心法也。……蓋天地萬物之理，盡在其中矣，心一而不分，則能應萬物。」反過來說，宋代的術數理論，受到當時理學、佛道及宋易影響，認為心性本質上是等同天地之太極。天地萬物氣數規律，能通過內觀自心而有所感知，即是內心也已具備有術數的推演及預測、感知能力；相傳是邵雍所創之《梅花易數》，便是在這樣的背景下誕生。

《易·文言傳》已有「積善之家，必有餘慶；積不善之家，必有餘殃」之說，至漢代流行的災變說及讖緯說，我國數千年來都認為天災，異常天象（自然現象），皆與一國或一地的施政者失德有關；下

至家族、個人之盛衰，也都與一族一人之德行修養有關。因此，我國術數中除了吉凶盛衰理數之外，人心的德行修養，也是趨吉避凶的一個關鍵因素。

術數與宗教、修道

在這種思想之下，我國術數不單只是附屬於巫術或宗教行為的方術，又往往是一種宗教的修煉手段──通過術數，以知陰陽，乃至合陰陽（道）。「其知道者，法於陰陽，和於術數。」例如，「奇門遁甲」術中，即分為「術奇門」與「法奇門」兩大類。「法奇門」中有大量道教中符籙、手印、存想、內煉的內容，是道教內丹外法的一種重要外法修煉體系。甚至在雷法一系的修煉上，亦大量應用了術數內容。此外，相術、堪輿術中也有修煉望氣（氣的形狀、顏色）的方法；堪輿家除了選擇陰陽宅之吉凶外，也有道教中選擇適合修道環境（法、財、侶、地中的地）的方法，以至通過堪輿術觀察天地山川陰陽之氣，亦成為領悟陰陽金丹大道的一途。

易學體系以外的術數與的少數民族的術數

我國術數中，也有不用或不全用易理作為其理論依據的，如揚雄的《太玄》、司馬光的《潛虛》。也有一些占卜法、雜術不屬於《易經》系統，不過對後世影響較少而已。

外來宗教及少數民族中也有不少雖受漢文化影響（如陰陽、五行、二十八宿等學說。）但仍自成系統的術數，如古代的西夏、突厥、吐魯番等占卜及星占術，藏族中有多種藏傳佛教占卜術、苯教占卜術；北方少數民族有薩滿教占卜術；不少少數民族如水族、白族、布朗族、佤族、彝族、苗族等，皆有占雞（卦）草卜、雞蛋卜等術，納西族的占星術、占卜術，彝族畢摩的推命術、占卜術……等等，都是屬於《易經》體系以外的術數。相對上，外國傳入的術數以及其理論，對我國術數影響更大。

曆法、推步術與外來術數的影響

我國的術數與曆法的關係非常緊密。早期的術數中，很多是利用星宿或星宿組合的位置（如某星在某州或某宮某度）付予某種吉凶意義，并據之以推演，例如歲星（木星）、月將（某月太陽所躔之宮次）等。不過，由於不同的古代曆法推步的誤差及歲差的問題，若干年後，其術數所用之星辰的位置，已與真實星辰的位置不一樣了；此如歲星（木星），早期的曆法及術數以十二年為一周期（以應地支），與木星真實周期十一點八六年，每幾十年便錯一宮。後來術家又設一「太歲」的假想星體來解決，是歲星運行的相反，週期亦剛好是十二年。而術數中的神煞，很多即是根據太歲的位置而定。又如六壬術中的「月將」，原是立春節氣後太陽躔娵訾之次而稱作「登明亥將」，至宋代，因歲差的關係，要到雨水節氣後太陽才躔娵訾之次，當時沈括提出了修正，但明清時六壬術中「月將」仍然沿用宋代沈括修正的起法沒有再修正。

由於以真實星象周期的推步術是非常繁複，而且古代星象推步術本身亦有不少誤差，大多數術數除依曆書保留了太陽（節氣）、太陰（月相）的簡單宮次計算外，漸漸形成根據干支、日月等的各自起例，以起出其他具有不同含義的眾多假想星象及神煞系統。唐宋以後，我國絕大部分術數都主要沿用這一系統，也出現了不少完全脫離真實星象的術數，如《子平術》、《紫微斗數》、《鐵版神數》等。後來就連一些利用真實星辰位置的術數，如《七政四餘術》及選擇法中的《天星選擇》，也已與假想星象及神煞混合而使用了。

隨着古代外國曆（推步）、術數的傳入，如唐代傳入的印度曆法及術數，元代傳入的回回曆等，其中我國占星術便吸收了印度占星術中羅睺星、計都星等而形成四餘星，又通過阿拉伯占星術而吸收了其中來自希臘、巴比倫占星術的黃道十二宮、四大（四元素）學說（地、水、火、風），並與我國傳統的二十八宿、五行說、神煞系統並存而形成《七政四餘術》。此外，一些術數中的北斗星名，不用我國傳統的星名：天樞、天璇、天璣、天權、玉衡、開陽、搖光，而是使用來自印度梵文所譯的：貪狼、巨

門、祿存、文曲、廉貞、武曲、破軍等，此明顯是受到唐代從印度傳入的曆法及占星術所影響。如星命

術中的《紫微斗數》及堪輿術中的《撼龍經》等文獻中，其星皆用印度譯名。及至清初《時憲曆》，置

閏之法則改用西法「定氣」。清代以後的術數，又作過不少的調整。

此外，我國相術中的面相術、手相術，唐宋之際受印度相術影響頗大，至民國初年，又通過翻譯歐

西、日本的相術書籍而大量吸收歐西相術的內容，形成了現代我國坊間流行的新式相術。

陰陽學——術數在古代、官方管理及外國的影響

術數在古代社會中一直扮演着一個非常重要的角色，影響層面不單只是某一階層、某一職業、某

一年齡的人，而是上自帝王，下至普通百姓，從出生到死亡，不論是生活上的小事如洗髮、出行等，大

事如建房、入伙、出兵等，從個人、家族以至國家，從天文、氣象、地理到人事、軍事，從民俗、學術

到宗教，都離不開術數的應用。我國最晚在唐代開始，已把以上術數之學，稱作陰陽（學），行術數者

稱陰陽人。（敦煌文書、斯四三二七唐《師師漫語話》：「以下說陰陽人謾語話」，此說法後來傳入日

本，今日本人稱行術數者為「陰陽師」）。一直到了清末，欽天監中負責陰陽術數的官員中，以及民間

術數之士，仍名陰陽生。

古代政府的中欽天監（司天監），除了負責天文、曆法、輿地之外，亦精通其他如星占、選擇、堪

輿等術數，除在皇室人員及朝庭中應用外，也定期頒行日書、修定術數，使民間對於天文、日曆用事吉

凶及使用其他術數時，有所依從。

我國古代政府對官方及民間陰陽學及陰陽官員，從其內容、人員的選拔、培訓、認證、考核、律法

監管等，都有制度。至明清兩代，其制度更為完善、嚴格。

宋代官學之中，課程中已有陰陽學及其考試的內容。（宋徽宗崇寧三年﹝一一零四年﹞崇寧算學

令：「諸學生習……並曆算、三式、天文書。」﹞「諸試……三式即射覆及預占三日陰陽風雨。天文即預

定一月或一季分野災祥，並以依經備草合問為通。」

金代司天臺，從民間「草澤人」（即民間習術數人士）考試選拔：「其試之制，以《宣明曆》試推步，及《婚書》、《地理新書》試合婚、安葬，並《易》筮法，六壬課、三命、五星之術。」（《金史》卷五十一‧志第三十二‧選舉一）

元代為進一步加強官方陰陽學對民間的影響、管理、控制及培育，除沿襲宋代、金代在司天監掌管陰陽學及中央的官學陰陽學課程之外，更在地方上增設陰陽學教授員（《元史‧選舉志一》：「世祖至元二十八年夏六月始置諸路陰陽學。」）地方上也設陰陽學教授員，培育及管轄地方陰陽人。（《元史‧選舉志一》：「（元仁宗）延祐初，令陰陽人依儒醫例，於路、府、州設教授員，凡陰陽人皆管轄之，而上屬於太史焉。」）自此，民間的陰陽術士（陰陽人）被納入官方的管轄之下。

至明清兩代，陰陽學制度更為完善。中央欽天監掌管陰陽學，明代地方縣設陰陽學正術，各州設陰陽學典術，各縣設陰陽學訓術。陰陽人從地方陰陽學肆業或被選拔出來後，再送到欽天監考試。（《大明會典》卷二二三：「凡天下府州縣舉到陰陽人堪任正術等官者，俱從吏部送（欽天監），考中，送回選用；不中者發回原籍為民，原保官吏治罪。」）清代大致沿用明制，凡陰陽術數之流，悉歸中央欽天監及地方陰陽官員管理、培訓、認證。至今尚有「紹興府陰陽印」、「東光縣陰陽學記」等明代銅印，及某某縣某某之清代陰陽執照等傳世。

清代欽天監漏刻科對官員要求甚為嚴格。《大清會典》「國子監」規定：「凡算學之教，設肄業生。滿洲十有二人，蒙古、漢軍各六人，於各旗官學內考取。漢十有二人，於舉人、貢監生童內考取。」學生在官學肆業、貢監生肄業或考得舉人後，經過了五年對天文、算法、陰陽學的學習，其中精通陰陽術數者，會送往漏刻科。而在欽天監供職的官員，《大清會典則例》「欽天監」規定：「本監官生三年考核一次，術業精通者，保題升用。不及者，停其升轉，再加學習。如能黽

術數研究

術數在我國古代社會雖然影響深遠，「是傳統中國理念中的一門科學，從傳統的陰陽、五行、九宮、八卦、河圖、洛書等觀念作大自然的研究。……傳統中國的天文學、數學、煉丹術等，要到上世紀中葉始受世界學者肯定。可是，術數還未受到應得的注意。術數在傳統中國科技史、思想史，文化史、社會史，甚至軍事史都有一定的影響。……更進一步了解術數，我們將更能了解中國歷史的全貌。」（何丙郁《術數、天文與醫學中國科技史的新視野》，香港城市大學中國文化中心。）

可是術數至今一直不受正統學界所重視，加上術家藏秘自珍，又揚言天機不可洩漏，「（術數）乃吾國科學與哲學融貫而成一種學說，數千年來傳衍嬗變，或隱或現，全賴一二有心人為之繼續維繫，賴以不絕，其中確有學術上研究之價值，非徒癡人說夢，荒誕不經之謂也。其所以至今不能在科學中成立一種地位者，實有數因。蓋古代士大夫階級目醫卜星相為九流之學，多恥道之；而發明諸大師又故為恍迷離之辭，以待後人探索；間有一二賢者有所發明，亦秘莫如深，既恐洩天地之秘，復恐譏為旁門左道，始終不肯公開研究，成立一有系統說明之書籍，貽之後世。故居今日而欲研究此種學術，實一極困難之事。」（民國徐樂吾《子平真詮評註》，方重審序）

勉供職，即予開復。仍不及者，降職一等，再令學習三年，能習熟者，准予開復，仍不能者，黜退。」除定期考核以定其升用降職外，《大清律例》中對陰陽術士不準確的推斷（妄言禍福）是要治罪的。《大清律例‧一七八‧術七‧妄言禍福》：「凡陰陽術士，不許於大小文武官員之家妄言禍福，違者杖一百。其依經推算星命卜課，不在禁限。」大小文武官員延請的陰陽術士，自然是以欽天監漏刻科官員或地方陰陽官員為主。

官方陰陽學制度也影響鄰國如朝鮮、日本、越南等地，一直到了民國時期，鄰國仍然沿用着我國的多種術數。而我國的漢族術數，在古代甚至影響遍及西夏、突厥、吐蕃、阿拉伯、印度、東南亞諸國。

現存的術數古籍，除極少數是唐、宋、元的版本外，絕大多數是明、清兩代的版本。其內容也主要是明、清兩代流行的術數，唐宋或以前的術數及其書籍，大部分均已失傳，只能從史料記載、出土文獻、敦煌遺書中稍窺一鱗半爪。

術數版本

坊間術數古籍版本，大多是晚清書坊之翻刻本及民國書賈之重排本，其中豕亥魚魯，或任意增刪，往往文意全非，以至不能卒讀。現今不論是術數愛好者，還是民俗、史學、社會、文化、版本等學術研究者，要想得一常見術數書籍的善本、原版，已經非常困難，更遑論如稿本、鈔本、孤本等珍稀版本。

在文獻不足及缺乏善本的情況下，要想對術數的源流、理法、及其影響，作全面深入的研究，幾不可能。

有見及此，本叢刊編校小組經多年努力及多方協助，在海內外搜羅了二十世紀六十年代以前漢文為主的術數類善本、珍本、鈔本、孤本、稿本、批校本等數百種，精選出其中最佳版本，分別輯入兩個系列：

一、心一堂術數古籍珍本叢刊

二、心一堂術數古籍整理叢刊

前者以最新數碼（數位）技術清理、修復珍本原本的版面，更正明顯的錯訛，部分善本更以原色彩色精印，務求更勝原本。并以每百多種珍本、一百二十冊為一輯，分輯出版，以饗讀者。

後者延請、稿約有關專家、學者，以善本、珍本等作底本，參以其他版本，古籍進行審定、校勘、注釋，務求打造一最善版本，方便現代人閱讀、理解、研究等之用。

限於編校小組的水平，版本選擇及考證、文字修正、提要內容等方面，恐有疏漏及舛誤之處，懇請方家不吝指正。

心一堂術數古籍　珍本　叢刊編校小組

二零零九年七月序

二零一四年九月第三次修訂

地理穿透真傳叙

自古北仙著書立説第一楊救貧嶷

撼龍疑龍孝經詞句榮華學問淵博其

次張子微玉髓真經徐氏形畫象大小

咸備。二人誠地理之傑出者然議論

雖足驚人駭俗。毋求乎能猶何以為
玄。以者為山頭人豈山一見了然。確
以游稻。則不弘也。不亏以汗牛充棟
書內浮其的旨者屬伯韶先議穿山
席方行透地蘢渾天開寶鏡金水月

相逢此四句看地篇藴包括殆盡惜

人不必解誤以席有七十二龍有六

十龍而以金水月查七元中起遁竟

不知渾天開寶鏡句是歌中主腦為

龍為席為金。為水撼立鏡中一家物。

渾天二字寥包天包地而為言洪荒

開闢生物生人皆以渾天嚴陵帳九

翁窺內此奧故以一玓廣西滸見臬

司公署即曰此衙門大利赦文山為

凡廳司以署即曰此衙門不利向為

然起至于靈川臨桂休咎皆一一如

久見者然非深窺乎深天竅鏡為若

如豈乎今以真傳之冊誌畫圖中明

詎何慮為寧山何愛為遶地且明指

此山為金此山為水使人吉凶頭見

泄亵渎天撅窍读之擧古来地仙诸

書當為浮談虚話以同費紙耑余丑

靈川九翁為我改正大堂嘗與令嗣

貟木由全州往省浮時過署中竟衣

談心余深有契乎此因取俸餘付之

地理穿透真傳

歡劇。公我同人焉。

康熙戊戌餘姚樓儼頓首拜題

七

穿透真傳叙

余少年做秀才時即好講究風水而我寧紹人喜談

者幕講僧所扦之地皆大發福余深欣慕乃取其紫

白吊替三元運會之書熟讀而玩索之大似有理熟

意到地登視屢上人家所發科甲及房分子孫皆與

地上不相對何也因考吊精法彼法以生我者為福

煞我者為禍今壬子山坎宮一白水也吊得二黑土

到戌乾土來剋水為煞砂頭不宜起而戌年大發科

叙一

甲辰巽山巽宮四綠木地吊得一白水到坤未水來

生木為生砂正該起而未年人命死人應吉而凶應

凶而友吉則又何也至若三元上中下一百八十年

天地之大運也其法以斷運為旺氣為生宜

旺以不當運為退時為死氣為煞宜衰敗此理亦

甚正今考人家發福舊地七赤兌管下元運到上元

退時宜敗落而大興旺一白坎管上元運到上元及

時宜興發而友休因將来新坟無從考証已葬舊地

應驗分明如此立法何以為訓因此寤寐間輾轉思

維欲得登地即指我云某房該發其房該敗與

敗該在某年某月如此之人得相遇會方快吾心。

鄒年章公寅日嚴陵張九儀看地正如此逐心焉慕

之無刻忍忘直至壬午武林書肆得聘大快于心曰

吾想　先生甍三十年今日方會逐叩問地上何謂

催官　先生曰地無催官砂不發科甲如登此地見

其催官砂起于何方便知該何年發該何房發若不

及登地花月下談心。但知其所發在何年。在何房分。
便知其催官砂在何方起。先生乙卯鄉榜。吾知之。巳
未知甲榜是何科。余曰乙丑。先生曰坤峯高焰向酉。
定發在仲房。余驚訝曰。果坤峯尖秀。余行第二時被
緻商請上新安。遲十年壬辰方得到。吾鄰庸坐下訴
曰余大兕壬午。次兕辛卯。皆叨鄉薦。先生曰坤未峯
起三合會局。天干坤壬乙合。所以壬午年利。地支亥
卯未合。所以辛卯年利。坤峯方右定有一二小山排。

列並崎果然。余因嘆曰神乎甚矣仙人也。不知遁

何適而能如此也。適一葛友來訪述其祖墳以相誇

示先生曰我聽所述我知此地巳。丁龍入首坐卯向

酉取兌納丁也。朝山近左高砂突起發福之期天干

在庚甲地支在卯酉友人父果巳卯鄉榜庚辰昴甲亥

人曰此非時術乃怪術也何以講來便知先生曰此

非術也乃至道也道不在地而在天渾天開寶鏡地

上穿山透地金水相逢盡渾天中真所謂道可透非

常道也昔仙師白玉蟾明初出現蘇州居丘山為劉

民打地即此道也

吏部右侍郎鄞縣仇兆鰲滄柱題于武林友益齋

穿透真傳叙

癸巳年春三月十八日。

當今皇帝六十歲大壽也。余偕同年友滄柱仇先生

進都稱觴上壽賀畢乃與滄老索精堪輿術者滄

老曰今日堪輿看地皆范乜然看止知長生沐浴左

旋右旋四大水口及大小元空大事畢已再有高者

用幕講紫白吊替三元運會而已至問其納甲何以

納法河圖何以順生洛書何以逆剋伏羲先天卦何

以屈文王後天卦何以易則皆曰不知也由是禍福
○無憑吉凶莫辨欲求其開眼便見指人曰何處生福
○何處生禍而且禍之輕重福之大小一一明白指示
○者○今罕其倫止見嚴陵張九儀一人而已現寓無錫
二泉山下四方延請者甚衆余乃絜贄誠心而恭迎
之南到生定叩問曰數長生法先生從何處起先生
○凝視半响曰老先生與時術談地理乎此等皆由腔
○灣謂不足以之看地者余曰先生用何法以看地先

生曰。余止有三句話。看地自有鐵板數。左支右吾。

○攬非真道。此三句也。余曰何以見之。先生曰今字到

府問大老先生癸五中。○

塋上東北角大小兩峯棟起左肩。余驚訝曰先生何

今老先生乙丑中便知得祖

時見過。先生曰德清從未曾來。亦不知佳城在何處。○

遵言鐵板數者此也。若非鐵板定數。何以一問便知

余曰誠如此。則敝邑蔡府出兩狀元先生來定去看

他地。今即在此不去看。便可預言之乎。先生曰何不

可言之有余因捧筆求寫紙上先生援筆直書曰前
狀元在庚戌今狀元在壬戌他祖坟定是壬丙局西
此角乾上有兩高峯明日去看便見也末又書云若
乾上無兩高峯則吾道不真便告辭去次日六七八
到瑤武垣視果然乾方兩高大金星余私嘆曰如此
學問不知從何得来巳往者知既分明則將来者断
然不爽吾家今又得地巳幸賴滄老指示請来向日
與談長生帝旺之士相商議並未聞此法過數日看

余兩老壺又皆一匕如見並不知得何道而能如此先生同此道不在他處即在堯典中分命羲和叩節也世人無肯讀者唯賴布衣白海南朱蔡數賢能讀之也

工部尚書德清徐元正靜園題于錫山之二泉亭

地理穿透真傳叙

世人篤好風水博覽羣書朝夕講究多養術士者有
二種用心人其一以為吾族未嘗有貴顯欲得一似
官地庶幾可發科發甲也其一有已發富貴唯恐祖
父為卿為相後世子孫每多貧窮寥落不堪吾今選
擇美地使可紹前徽于不替也二者皆人之常情所
宜有者獨是一則丞丶圖謀催官而不肯發科發甲
柱費心机一則謀紹前徽而終不免貧窮寥落徒為

里巷嘆惜者何也則以從來地理書非雜即假所以
求地者心欲發科甲而不知此地何處山頭是貴砂
心欲免貧窮而不知此地何處山頭是富砂無他以
不得道之大原故也董仲舒曰道之大原出于天陳
繹先參究焉發明運用之方而曰渾天開室鏡盖以
寶鏡所開天包地外定藏天中日夜旋轉地上巒頭
高遜與天休磨錯變相逢虛逢着生旺便榮華富貴
逢

㐲㷮便貧窮兇煞天大竅全在一穿一透人苟知此

一面已驗之祸福皆一一如見而無遺杆新地將

来之祸福皆一一預定而不爽此

九儀老翁洩

城皆驚傳為神人也今即其所斷驗藩臬二司靈臨

二邑管粮公署打舡洲王宦家已往將来之休咎皆

毫末無差余閱人多已斷驗祸福時皆說騎牆話未

有如此之鑒上者靈川令樓敬思先生祖籍吾浙金

華人。

尚俸餘刻以公世欲世人知地理內有此一

民也余雖未得口授時相與議論間窃私記

之亦窺見一斑。遂欣然附驥稍助微貲非敢有好名

心也亦以傳我子孫世世守之勿失庶幾乎識得科甲

何由發貧窮何以免此中自有所以應驗之故云

余此序。

康熙五十七年歲次戊戌孟冬之朔山陰吳銓題於

粵西之桂林官舍

金州學　武宣陳前賢侯舉

昭潭覃　燕士喜泰訂

聖天子御極六十年辛丑歲仲春兩孝先生坐儀鳳

堂講地理○覃先生曰○余讀穿透真傳書極明白易

解有一友述他祖地○其處山高其處山低其處山

遠與近○余以穿透法斷之○該其房興其房敗其房絕

或平安竟真有差○陳先生曰○余在南寧府見梁棋

穿透真鼻

二五

兩一

地理穿透真傳

讀砂水要訣。五個月。胸中洞腑人敬服如神。今余二人

無他。有一疑要問凡地以龍為根本真傳。中竟不言

及龍身何也。余曰唯唯穿山虎是言砂法透地龍則

專言龍也。千里來龍最重到頭結穴一節當龍來

起頂俯注穴場亦要如砂用穿山法穿得與穴相

和順煖則發祿雖人說凶龍亦吉穿得與穴

剝讓氣冷剛生禍雖人說吉龍亦凶龍之關係甚

如此。蓋李德徵地理四十段首云看地有一大竅

得其竅頭頭是道。不得竅說來說去總是說竅透陳先

生曰何為大竅余曰先以巒頭論人曰、竅要開帳也。竅何

有起伏曲折也。竅要穿心也。是也。請問。竅有開帳竅何

以不開帳亦竅也。竅以起伏曲折竅何以直行一二十

里分水竅張真人桐城發兵部張尚書也。竅不必穿

心發亦有穿心不發者此處有一夫竅焉知此竅則

地之該竅不發不該竅反竅之故開眼一看了然在目

不知則胸中茫然如慶覃先生曰理氣如何余曰人皆

喜三吉六秀左喜淨陰賤淨陽亮今節取一巽左辛
向論宋方臘祖地巽左辛向河水聚酉方為巨祟而
乃乾坤即異四神並起。不
知向酉化殺為官可惜。文天祥祖地巽左辛向一條
酉山高起砂法乃辛向催官。酉山高起砂法乃辛向催官而反受禍定。然蕪戌撥

辛水望東流中狀元而受禍。官而反受禍定。然蕪戌撥
酉為八漢杏陵祖地巽左水會河屬辛庚金局三次下
殺也。○汪溪太盛。此人所云吉左也而何以凶又節
城。巽水單弱受剋之也。巽水單弱受剋之也。○
取辰戌龍論戌乾左山東生孔子黎女源生木子泗州生
○以祖孔子朱子全庚戌命本宮蕃明太祖戌辰命對

窨瘞會稽禹陵。是辰龍傳國二千餘年勾踐稱霸雄桐

虜孫權天子罡亦辰龍三外天下勢成鼎足皆人下

說凶龍也而何以古此中皆有所以然之故人不能

知。豈不是喪撼之人得大窾見尕頭梧桐芴藥枝圓

美龍郎童斷過獨石亦美龍論理氣丙丁邜巽等圓

美龍郎辰戌丑未等亦美龍但理氣大窾不敢輕洩。

尕頭大窾不妨暑露一斑看龍尕頭先看用神用神

起祖山則龍結初落用神起盡頭則龍結未落用神

起左右帳角則龍結穴落用神起行龍半路則龍結

腰落把定此竅看龍龍從何處走閃合以理氣大竅

用神性火則龍第一取透土火來生土用神為生

氣次取透火火來比火用神為旺氣再次取透水

去剋火用神為妻才見用神性水則龍第一取透木

水來生木用神為生氣次取透水水來比水用神為

旺氣再次取透土土去剋水用神為妻才三神應驗

一氣終用甲料人丁旺氣終科貢丁才白衣妻才終才

束湖主人再序

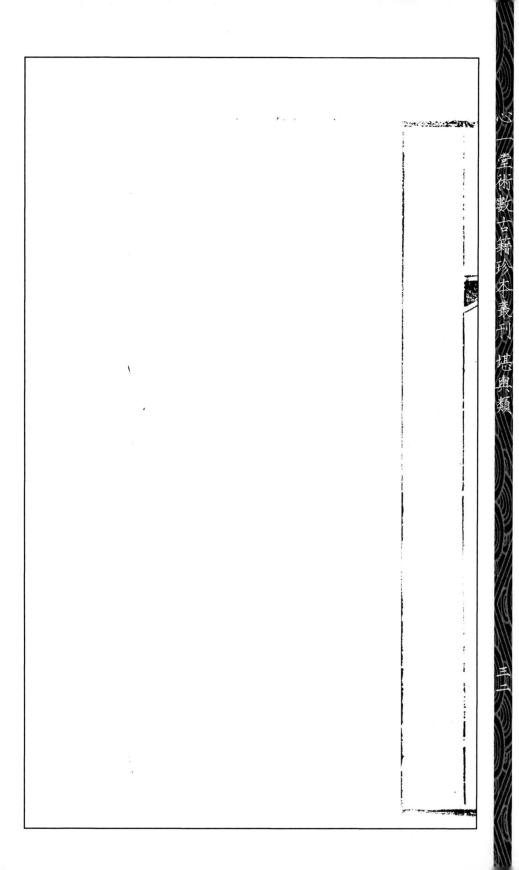

穿透真傳

穿透真傳自敘

或曰葬經云童斷過獨石五不葬今出侯伯出葬

相出總督詎書無憑乎抑地無憑乎余曰唯地有憑

所以童斷過獨石能發大禍吳介侯敘云心欲求科

甲而不知此地何處山頭是貴砂心欲免貧窮而不

知此地何處山頭是窩砂是求貴者須憑貴砂來窩

着須憑窩砂也而其間運用之砂昔劉青田西湖扦

地山頭今明是貴砂人只要窩便穿透中�... 作窩砂

止發丁財。山頭分明是寫砂人定要貴便穿透中橫。

作貴砂發科發甲是世之求寫求貴者唯砂是憑而

少之貴砂發作寫之砂橫作貴者則又唯穿透之人

是憑也真傳冊內句、說地之有憑處惜未得道

者不悟耳本州劉堂翁諱藩長洪洞人明敏練達

才幹絕倫將捕務盡奪去鎮日署中閒坐想及後

人愚闇者見此真傳易曉之即吳叙之求傳我子

孫世、守之勿失庶几識得科甲何击發貧窮何以

競之意尔或曰撼砂揆星法得之自仙六壬選日

神人告子竟可奪砂運之遲者而速之余曰昔年

古仙聖語余云伏羲畫卦卦皆吾助又云文王易卦以

其帳又云六壬奇門雷霆三書宜熟後姑蘇侍兵

壬但止決神將小動勞心焦思搜尋並大虜積六七年

一日夜影中神人來拔示始易所云思之思之兒神通

之者予指示後方知世人皆泛、用之不得切要之竅此

竅一得催科甲催生子催財帛更兼天星祿馬貴人法

夏兼天官五行杈蘟文魁朝元守恒諸法所以㝢驗。

較砂法更速。丁酉年廣西藩司春季修改秋季即

逕貴州廵撫得大六壬力也。敘前山頭二字非止千尋

百丈之山即平陽平洋文都三四尺土埠亦是也。

時

康熙五十七年歲次戊戌十一月望日、

嚴陵張鳳藻八十五翁書于

廣西桂林府全州吏目官舍

穿透真傳卮言

凡看地先看穴情窩鉗乳突。四字分明。前後左右。

方團聚此處有地已乃看氣脈有龍有脈正地

也。有氣無龍無脈奇地也。有龍有脈無氣假地也。

以氣為主氣矮則發福無氣則滲退嘗觀江東水鄉。

江北平陽無不皆然至于包護此氣者全憑砂水上

遶則砂遶砂遶則富貴貧賤吉凶生死皆從此發現

已。水止管才丁水鄉間有貴顯若大富大貴仍憑砂

穿透真傳　　一

方山隴地砂之高大者有千尋百丈砂之低小者亦
有十丈十數丈到平陽平洋不過丈數七八尺而已
其力重與千尋等誰知古地仙止知論砂形不知看
砂性所以吉凶禍福大小輕重不能辯別能辯別者
唯有渾天開室鏡一句今取一美砂一惡砂而以渾
天寶鏡之法分別之便知看地之訣巳假如見一木
星貴人砂地理書以其形美便贊其出富出貴之寶
鏡則不然如見貴人在生尅方則出公卿將相仙佛

中科若貴人在旺氣方則出科貢秀才人丁富亭

貴人在退氣方則出窮酸湯子盈工乞丐若貴人在

殺氣方則出美貌怪賊忠臣烈士是美砂有二吉也

亦有二凶假如見一火星歪筆砂地理書以其形惡便

占他出僧出賊己宝鏡亦不然如見歪筆在洩氣方

則出和尚法師魚巨技蓺若歪筆在生燕方則出貪倭宰相

賊殺人武將橫行若歪筆在殺氣方則出盜

邪媚奸臣如歪筆在旺氣方則出豪富奸淫占產武

斷是惡砂有二凶也亦有二吉玉髓經分龍之上中

下以定砂之貴賤如楊救貧砂佈美女貴賤從夫之

說○不准唯頹布衣砂形雖美位凶方亦恐歲久非忠

赤乃是地仙話各地理書不知催官篇所說凶方是

言殺洩方而泛七云艮寅丑未等方以不知寶鏡的

吉也寶鏡中相逢的甫不同三吉凶凶止問說說生尅

煞是故與木砂三吉方也若透地土龍逢之木○尅

土則不吉而反凶辰金併四凶方也若透地水尨逢

之金未生水則不凶而天吉所以從來地理書拘泥

二吉六秀四凶等方而不知辨別其中生尅者皆係

偽書今穿透真傳乃催實細嫡派所以砂不止論如

觀之形而實論內性之理論貌則禍福范々論性則

言凶一定冊中五六十圖要人看圖思索其所以然

之故方能悟道方知塟地是吉避凶之法君卤塟浮

綵人視之玊恐味如嚼蠟也」

溪軍鎵藍旗西定侯寀泰領李楠題 于紹武堂

公舉善風水呈　宜撫院癸未題

廣西桂林府全州鄉紳士衿蔡緼蔣洽秀謝賜來謝

賜簡鄧源湘鄧侯岭唐幹等　呈爲公舉善風水人

以報

皇恩以求國祚事自古帝王之興未有不

淬美地而能崛起大位者也歷代中興之主亦未有

不得嘉陵而能光振先業者也民間富貴窮通莫不

皆然可見善風水人不可輕視近閱邸報　皇姑來

求看風水人欽天監內同無善者不思　國家平時

收取看風水人薔裝袋在監原以偹異日選用不可有
錯悞現在監內無令善者詐可安心聽其不善而不訪○
取夫善者以寶之○今本州吏目張鳳藻者身食廩餼
志切堪輿傅得白玉蟾仙道運用造化之權操在掌
握之外刻地理四彈子直省風行十萬餘卷乙亥刻
地理砂水要訣些但各省士類捧讀即粵西猺獞上
司亦皆誦習討論現今桂林省城藩臬鎬桂官亷以
及官家說來應驗如響普其子張廷楨張廷橰亦然伏

祈

憲天大老爺歷念此事。陵寢攸賴。社稷國祚

關係非輕。巫行 題請取伊父子三人收入欽二、五內。

預先蓄養庶幾日後。時術不得用假亂真。如宋明二季

滋任匪人自終。 天子萬年曆數無彊已謹呈。

嚴陵張九儀地理穿山透地真傳

穿透真傳

男　張廷楨貞木

　　張廷櫻聖木

孫　張允灼昭遠

　　張允燦明遠　肆業

穿透真傳說

○○○凡事得真傳必得真竅得真竅方為真聰即如釋老○○○二大聖其真傳俱明白說在經典人唯不得竅遂不○○○能入門今坊典書亦然余初好地理時即矢願登人○○家墓上便楷四其房艅某房賍其年利其年不利方

云真实孝问方夫子曰。汝知孝问要真乎鲁读先识

穿山屏方行透地在浑天开宝镜。金水月相逢乎。四

句二十字三字皆金针余对曰读也。七十二穿山六

十龙透地金水日月用七元逓逓到山头先师曰子

何当之纷纷此浑天镜内止有金水月相逢五字何

常有七十二六十龙字样金水相逢在宝镜中开眼

傻见何用掌上逓来逓去汝细玩先识字方行字相

逢字是言宝镜中一串事依歌明言之当玄元识穿

山廿四局方行放棺透地龙、局浑天开宝镜窥左

金水月相逢人诚晓以镜内相逢处透化左手任我

推移即山川鬼神亦不以自为主持地有五局牵一

局言之余尽知已假如穿以二十四山此处山头结

成公局我开穴放棺透地以土在与外火来生内土

名曰生无曰食神相逢以吉便发科发甲作显窟巳

我开穴放棺透地以火在与外火素助内火名曰比

宿曰眼神相逢以吉便发丁发财白衣做官巳我开

穴放棺透地为水龙与内水去剋外火名曰妻才曰

女剎相逢必吉便發財帛人丁为官祿享巳我開穴

放棺透地为木龙与内水出尅外火名曰洩炁曰退

炁□逢不吉便退才敗家漸；消條已我開穴放棺

为金龙与外火来攻内金名曰煞炁曰破鬼相

透地○逢大凶便出盗賊犯人命殺人、殺絕滅已为㓗为

禄穴左渾天鏡中穿之透化左我掌擇古秦用

此透者頼布衣白海南朱學陽蔡西山刘青田李淳

微董以彰他如顯名地仙楊

救貧嘗說砂猶美女貴賤淺夫是不知先穿後透之法

景鸞扦徽州府城以坤砂為五鬼然砂為祿存兄承

為破軍不知以三處正府堂壬丙局大祭祿處而諉

癸鄰在之上起九星乃以為稻詎云何道白海南宋

蒔仙也明季出現蘇州扦十房庄諸地刘青田西湖

各處扦地李董徽州扦地皆合朱子蔡子詳定中針

人盤作用取外天盤內地盤一以貫之与賴布衣催

官篇相發明善乎欽天監正楊長公曰。砂不清雖認

真龍不能認正穴砂不清雖認正穴不能認真向。凶

深認穿透之真法而為凶言也今畫一穿透吉凶公

須稽稿之圖而詳諳之以便舉一知百云。

穿透真傳

穿山火　　穿山木　　穿金

房

四房

六房

房三

六中　透地

穿山火

穿山金

長房

房五二

穿山木

穿山水　穿山木　穿山火

穿透公位圖

上圖二十四山中穿得三木三火二金一水所云穿山屬是也。穿即養由甚百步穿楊之穿虎者共行亦如前人立穴中向山頭觑去其直妙之也。先識者言我要識得各山頭某山性火某山性金某山性水不拋泥山形尖者為火方者為土員者便為金也。我既識得明白方行我穴中透地虚以配合之而禍禍乃定。透者言地氣透入棺也。在者委蛇曲折婉轉之物透地乘氣時或耳或腰或腦或湧泉轉來轉去而

泥也即圣人言老子犹龙之龙。

何令通铁弹子方行透地龙之法

立穴死尺寸之移受受气有耳腰之异兮金有轉移之

巧气线无毫髮之差

寒鍼乳实吞吐浮沉穴塲天然已定无尺寸毫髮

可稼但四方山头穿去有金水木火土变化不常

透地龙内不能拘定立龙直向遂有巧异之法

众子公位歌　二十四山内排

一子滿盤皆他曾二子左六長房臨青龍六个字前

後右邊俱是小朱雀六玄武六白虎六此處偏枯已

不匀三子分公位朝堂二房輪六子排永三六右四

左至五爲前次第分二房朝与案五子主星憑

左空号長先絶右空号季令子朝堂空堆二五难具

一案一主三長飄零又有青龍平而直朝山挨左最

娉亭長房寂寂漸消磨四子芬芬萬里程如龍全沒

朝備左吊入長房作左星朝　堂遠龍趨案次子慇

吊作朝屏三六与仲相吊法吉凶禍福依此尋。

透地既合穿山法即見公位吉凶開后

左手(木火水)三砂。(長)(四)(兩)(房)(公)(位)○○如六中透地

得火尤○見木砂主發科甲貴顯○見火砂主發丁

財寡前○見水砂主出強盜殺人○杀絕滅○若有

四房兮木砂前半个主發科甲水砂四層重重發

然絕滅○長房分木砂後半个主發顯官火砂長當

金發科甲○大孫旺人丁窝貴壽考子孫繁衍此四

房高有人也若四房絕盡水砂併來長房受累巳○

○汲穴中透地必水走○見水砂立消敗飄蕩危脉○

盛旺強大主出理孝名儒名臣干古次之善詩久善

宗鲁名聞天下以漸孤貧或假仙假佛若爲真仙佛

真理孝源生旺十分中稍帶一分洩氣如兒錫高忠

寒乙違攀龍者讀孟子養心莫善于寡慾句曰何

不二寡慾義善于養心此句深必仙佛宗旨然理孝

長真尝亦不振○見水砂主發丁發財○見火砂

主財丁富厚。若有回房主先貧後富長房更富。

○如穴中透地得木尢。○見木砂主大旺人財四房。

○水砂發人財後發顯官長房尢火砂發人財後漸。

三貧窮。○○如穴中透地尢土尢。○見木砂主出盜

藏兇氣盛旺強大出巨寇。如方朧李自成張獻忠之

類有水火二砂止寇身受禍尚有子孫長四全。○○

如穴中透地得金尢。○見木砂主發丁財巨富。○見

水砂主漸人孤貧。○見火砂主巨富百弟怨遭屠戮

穿透直忘

如石崇朱祐明之類長房最慘四房則漸三清凶。

右手　金火二砂　㊂㊅兩房公位○○如穴中透地以

火尨○見火砂主發丁財科貢白衣做官大旺有六

子至六房管无六子則三房管○見金砂主大發丁

財止三房金火並管大發○○如穴中透地以水尨

○三房以金火二砂主發科甲丁財大盛有六子則

火砂六子管發丁財金砂三子管主發科甲○○如

六中透地以木尨○見火砂六房窮○見金砂三房

絕。○○如穴中透地以土右。○見火砂六子發科甲

久漸貧乏。○見金砂三子貧窮以止三房主貴而不

窮愛金累也。○○如穴中透地以金右。○見火砂六

房絕。○見金砂三房有丁六房總尽三房必絕。

朝案 本火金三砂 二房公位 ○○如穴中透地以

火右。○見木砂主發科甲○見火砂主發顯宦內宦

資壽考子孫久遠。○見金火主穷貴久遠丁財茂盛

○。○如穴中透地以水右。○見木砂貧窮。○見火砂

主先貧後富○見金砂主先貧後貴○○如穴中透
地過木龍○見木砂主大尅丁財穷旺癸後非穷即
絕火砂主穷金砂主絕凡人家不悠久者以此故地
理諸書說以後龍而分貴賤以後龍而定世代如此
自名地仙詎地仙有不為道者乎說到此天机尽洩○
矣○○如穴中透地曰土龍○見木砂主出盜賊杀
殺○見金砂主貧絕○見火砂主發科甲兼金砂主
○金聰明敗蕩子兼木砂主横逆惡人出仕貪酷虐

民甚有以貪酷受刑戮者○　○如穴中透地ㄱ金危○

見金砂木砂大旺人丁財稱富墁敔國兼火砂忽然

橫了殺戮不善終禍出多矣

来龍竪山　一木砂

二五兩房公位　元五房則合朝案

（室山二房管）○○如穴中透地ㄱ火危○見木砂重

發科甲人丁日久漸孤窮五房獨ㄱ一木亮他砂比

助止貴而不穷日久漸絕若止二房則朝案山有此

助尤虞已○○如穴中透地ㄱ水危○見木砂休囚

或清貧假道學或字蠹成名。○

○見木砂大旺人丁財孫世代悠久且屢出白衣顯

官。○如穴中透地旧木右

○穴中透地旧土右。○見木砂重葬下即窝旧攙

○穴中透地旧金右。○見木砂重葬下即絶。○

財人丁大旺傳世久遠。亦屢出白衣顯官

且上排公位摧吉凶皆是先識方旧內細工夫。人皆

不識此竅以火局穿山而透金右金局穿山而透

土右。深秘反禍。趨吉反凶是以寶鏡名曰渾天以其

包天包地而乃言也。人诚晓乃凶镜方晓乃金水月

晓乃金水月方晓乃作何穿法作何透法造化在手。

山川鬼神皆听命于我已庸西朱氏堪舆一贯第五

此用而乃其体技云全已然知用不知体不遇发祸

卷乃看地之体今凶穿山透地之法乃看地之用有。

减轻知体不知用竟受祸而莫解余看一贯书朱氏

辨视地图未鲁鲞山接图便知二房要绝谁知绝者。

即刺一贯人也朱氏子孙何曰既要绝何葬下即贵。

晶余示之曰。初年貴顯者。旧坟佑庇也。葬后十年外。

新坟营事。俊生実已。山頭禍礿之权。唯用搽之朱子。

照中不知用知何物。砍以自葬视自絶祀。世人鑒之。

可不惧哉。○○或曰擄子言皆一定之理。然吾魯見

青在空遠殺洩。而長房窝貴盛睡。青龙秀美生睡。而

長房人財平庸者何也。余曰子儞知近。而不知遠。知

目前。而不知已徃。夫坟此者。乃其祖坟。及勇祖坟睡。

定公位前其父。而生此人。若此人去世。则光不充也。

又曰子程子宋大儒也說止求父母安不必拘之後

余曰此迂腐之談人唯不知此道付之與可以何事

又事知此道因而精究之俾衆子贯為康寧距非美

事並朱子蔡子俱元此言諸書止說水路理氣終

不一不如山頭上理氣猶别何房與何房敗何年

利何年不利乃看他之骨髓些山頭此不馬秀有高

低有大小有遠近有長短有清濁有豐齊有肥瘦友

化无窮今略舉數千地以示例神而明之存乎其人

七

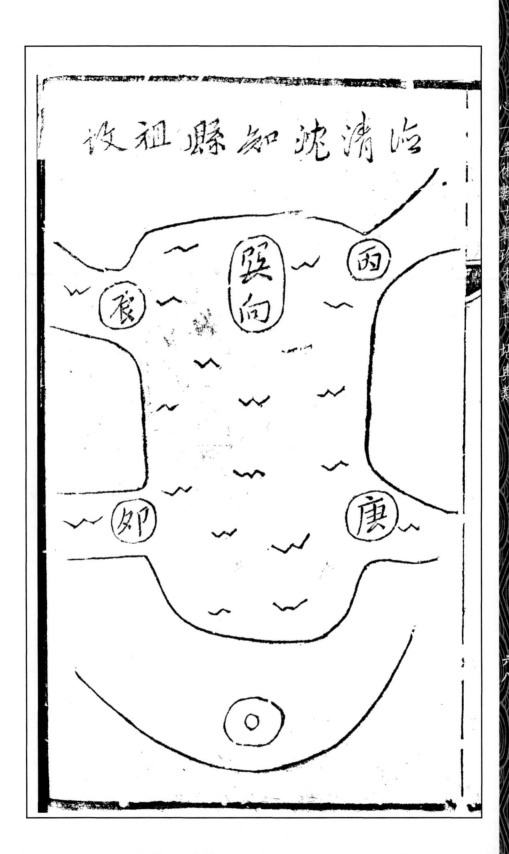

賴布衣說巽水一勺能救貧言水淺地盤巽字上出

酉流來方為血巽水。巽水若兼巳犯八殺兼辰犯久曲便

非真巽水。臨溝沈氏雖寫而其封翁猶以為未足言

巽水不能救貧余時飲茶停杯思之必然兼辰詰之

曰有犯虛怯症者乎應曰長二兩房各犯一人次

曰到墓親之乃是巽水也而衣雛棄其亥不

爽如凶。以巽向作巽水時術通病凶皆不知水看

出而之法故也。

河　〰　〰　〰　河

高地　　巽　　　高地

〰

凶當与左游徐氏金斗形參看

墙垣　　　墙垣

穿透真卜持

池水有三四十畝大深而凝蓄固築大窩彷十百彷。
但不非真與水誰知四圍砌墻前開一门入立墓碑
前港门中君出去止見池水中心是與字也所以中
此中窩蓄國㑹法之妙有如此。余豹登穴時見板
後一撒以為平陽築砂其力亦重但垣墻遮住外氣
何以祭寧相揾兵尚青翰林御史存胸中挍十年及
後在沈坟敎其砌坎门清與水乃悟此砌築墻垣蓄
聚內氣以聚其水其力果重
。

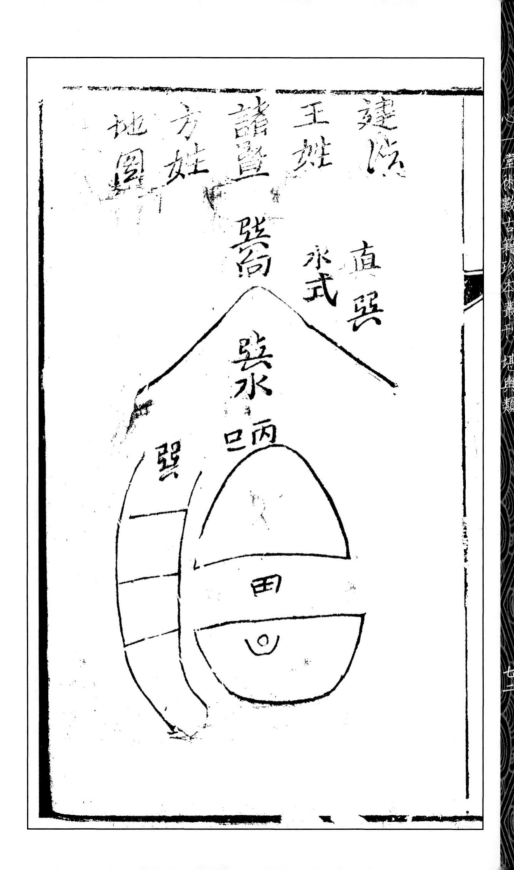

有兩家全一地形

其真其水凶乃最美者誰知立向

地盤仍七丙三口以已向去剋其水向你水之八杀

遂犯冷退諸暨豊家財漸〻清跋出二乞丐建泷家

義医〻透亦犯誰郊不貪冷退老夫老妻竟仝餓死

其子附葬改正丙向遂復旧業医透大门合三地觀

之南星復讀歌其聰必神○向水相犯有向剋水者

有水剋向者有水剋水者有向剋向者共四病莊後

楊救貧室〻人十四向内

坤
向

未　坤　庚

墩

阻水　堤路　田　平田　墻

墻　限門　墻

地高田三尺　堂　窟

高大　六

斗脊

棺底石板。高地二尺架空。門限高地二尺。門墻高限六尺。

在自案上來洩斗門上高地、六二百餘餘。白先生郎
洩在身起處点穴然地鵝邊敝逆潮背後又室乃梁
土成斗形地勢低而門限高名葵在地則門限遮住
來水乃架起石極㳰葵七棺、八立低堂洩門中看出
去止見坤申水層、朝來左墻遮住丁未水右墻遮
住庚孟水直高手也所以巳室祖庚寅命後孫亦庚、
寅又戌申命亦室徐次與曰何以亥申命吉餘曰此
局催官左四崔向曰巳命談全吉餘曰巳犯三刑寅

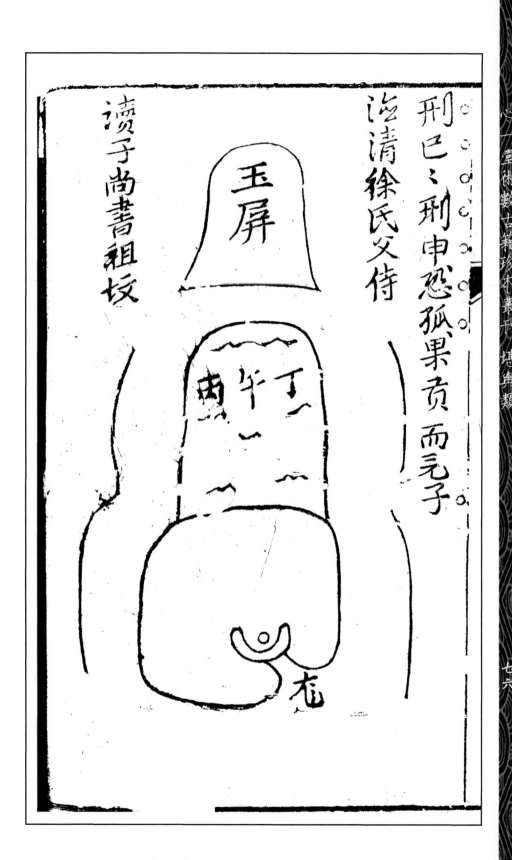

刑巳〻刑申恐孤果貢而元子

浛清徐氏父侍

讀子尚書祖坟

玉屏

此地亦屏三十里遠二房六代後火燒戊午壬戌發。

處挨北直長房清初以一大地亦六代後壬子癸丑

發徐方膺名悼侍讀。李士才靜園名元正戊午乙

丑發工部尚書以火燒兩次此地人家祖坟皆對丑

屏而獨徐宅發者以不能如此地亦場紫頂蒼气窩

暖可愛吐出餘氣二十餘丈作案抵住丙午雜气明

堂水聚天心也余時登穴說此地上好又不好眾皆

間故余曰好者宣午戌年發科甲不好者遲到五六

治清許氏廢地庚向

坤申

代火燒方發也

峽庵

此地水面上五條木星名浮排形癸火局止出埋季

其能葬土局并兼辰甲流并一美地也唯人不知葬

法耳中條結六左右各二条。大浮出水面堂中横

排三穴形如乾卦以借案如此密頭可多卯但凶

地与後徐氏祖坟全立庚向今是坤申水。余許氏

斷真出少以徐氏斷其犯盜賊全一坤申水而斷法

各樣許氏果出一少必再犯第二个速八遷去徐氏

犯翅盜之次且有倣之者俗術共駭不解其故余曰

臨清徐尚書祖墓

庚向

坤申

此地不能出尚書

諸君看水法不肯細心分別書云水看出面又云水
看源頭騃子遂于溪澗山洞中看源頭不知水之出
面處卽水之源頭處如所以雪心賦有前進後退步量
云說許地水出面是坤字庚丁坤上是黃泉所以出
少止徐女水出面是申字庚申高天星嵩宿左馬是
天賊星向与水合局則吉為大將斬欬自由分野漢
府匈奴國主之所云旋頭星星也水与向不合局則
凶便為偷賊則弦盜庚向申水為八殺甫星水法為破

軍。不合局。必須重則做強盜。輕則夜間常被賊偷。

此穴長兩房俱也曰、四面皆有砂護何爲止發長

兩面独不崩眼看手案砂低又小又遠雖有与元

全己浄砂雖迂然低薄不起尖峰爲宛砂欺壓故此

二三兩房皆不發爲惟尤高厚以亦有势所以長房

發若有四房又要看其情势趋向前去則四旺趋向

在後則長旺又不辯○三樣看法此第一樣看情

势後第二樣看山光秀媚之气丹後第三樣看理气

分生眺杀洩看山尤宜如此看平陽平洋尤宜如此

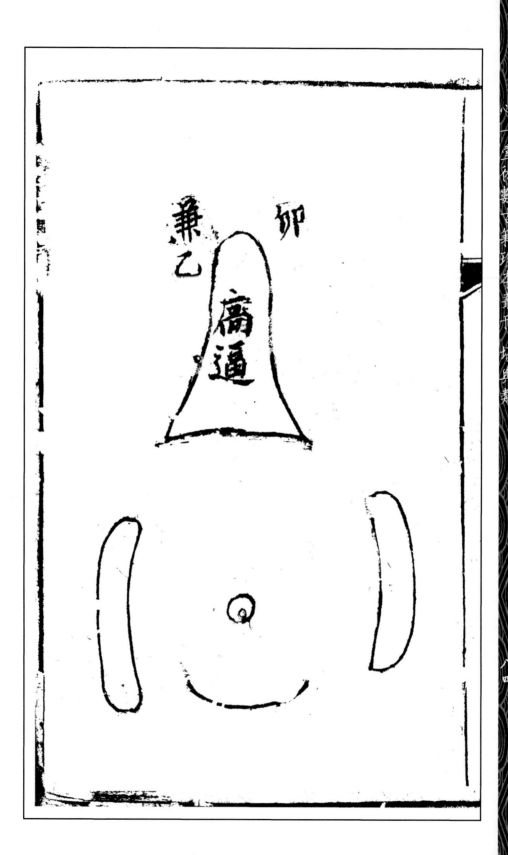

朝山高大壓穴專發二房左手龍砂細薄長房派弱
即近亦元救也再若加遠便絕右手虎砂形亦高大
三房宜發奈離穴按朝山差遠即發亦遲有六房則
三房絕六房發且久凡砂形高壓穴場朝面有情者
速發人丁財帛且旺盛若是生氣便發科甲其絕滅
者這是殺砂些山形有情也要發福一壽局後絕書
云朝山遍人丁絕非也○此張姓坟今開五十年方
悟此穀随後閒西湖南高峰嗣玄武壓主數千仞葬

不多年發吏部侍郎湯右曾先生

二十丈

十丈

龍虎一樣高大、宜長房二房均發、誰知左砂離穴十丈右砂離穴二十丈便止發左砂、若有第四房財長。四兩房並發已左遠右近、亦仝此推。

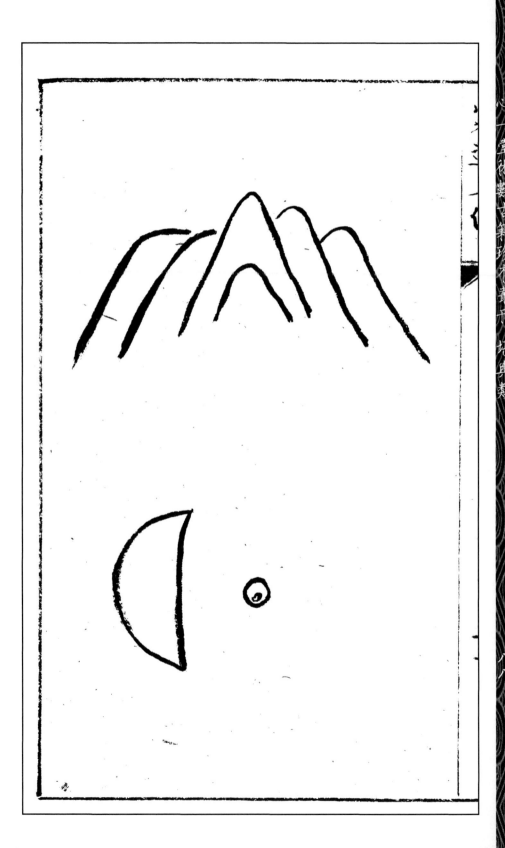

左手砂雖小却近穴緊護長房發已若有食神
生氣便發科甲朝山尖秀甚美但去穴太遠發外門
去二房發女貴便衰長房發女貴不衰
凡事要有根據二房元近案空遠元根據已盡朝山
却二房優秀美宜發今元根據是猶瓶中挿花安能
之乎長房有靠身青龍根深蒂固所以不怕盜洩
凡地犯空字遠字是大病欲救之須藥砂然藥砂之
法世人不知

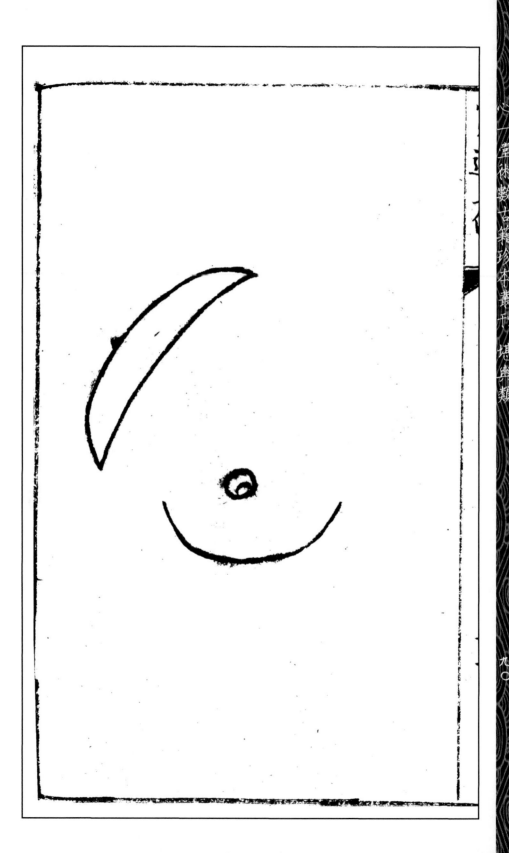

東南角上一寫長砂長房二房並發坐凹處又要看
形勢若近南去勢趨上前則二旺若近東來勢趨左
後則長旺若兩頭均勻不分強弱而山光秀媚之氣
趁南則二旺趁東則長旺○○東北角西南角西北
角全雜

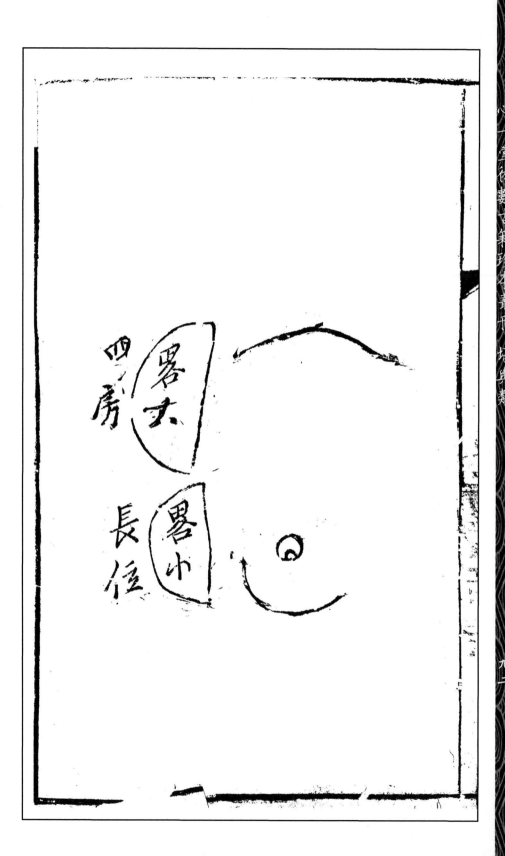

常州寓見一地左右四子力青龍外青龍各有砂一塊

穴長四兩房並服誰知內刮雖近穴却粗又小于外

砂而外砂精華又雅却雖於內砂內砂遂為外砂奪

去西房大發兵房消敗。。出頷中一高一低高者

發一遠一近者發一濁一清者發一小一大。

者發皆以強欺弱之故也

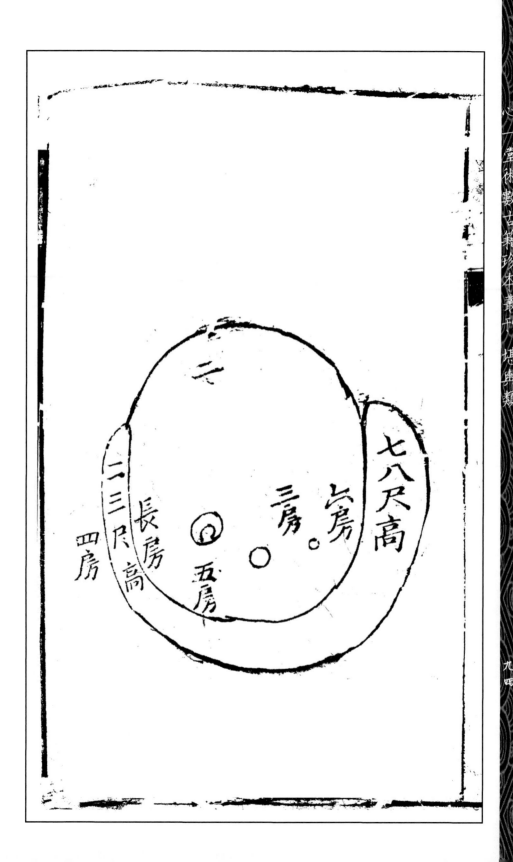

常州覓平陽一穴亦重六房中各房平三忽有二子
齊左手附葬後此子大發寧何也以左砂闊穴七八
丈多於青龍右砂闊穴十二丈較內青龍差遠遂
為外白虎外。第六房曾形勢高驟于內青龍是此
子公位上二砂盛旺所以二子遞發岜頭公位之砂
秀此。秀長四三公公位俱有兩探有近身側星長
三上房遠身星四六者青內一層星長三外一層是
四六者此地六房發華外一層

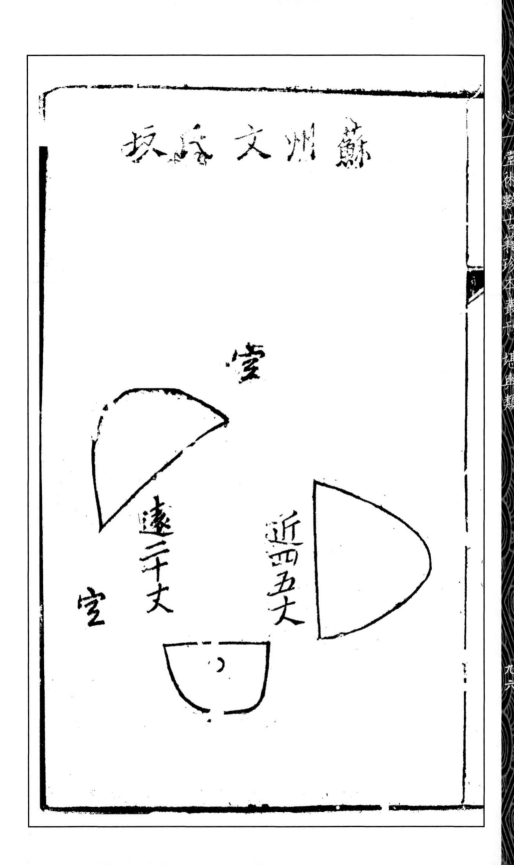

此地長房絕二房亦絕三房旺指穿貴四房平之要四房則二房不絕花高挖澤起勝三房勢倍則二房眠相房遂平六房亦絕五房穴背小撤酥護亦參

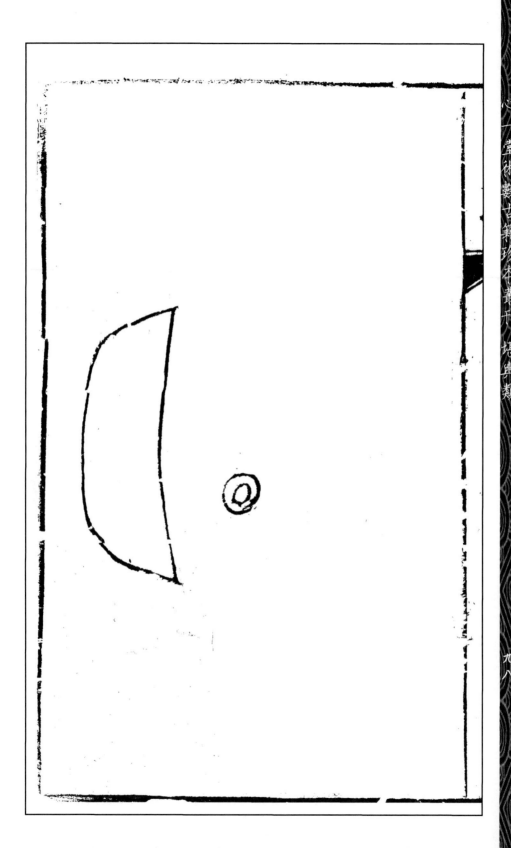

名六子。止有長山兩房好。然形勢趨上為四旺形勢趨左後長眼。若端正中立不動全无偏欹則看理氣。穿山生旺在前則四旺長平。穿山生旺左後則長旺。四平餘房俱絕。○為此看法諸地理書。俱地漁說看。

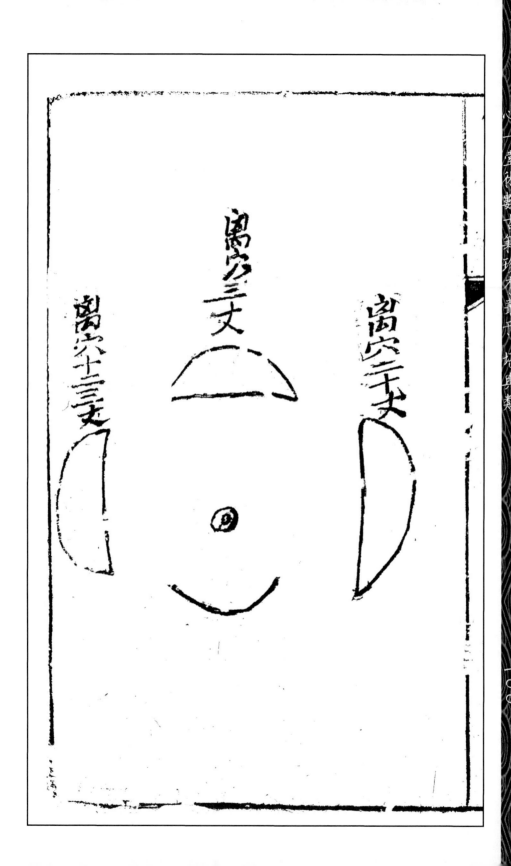

如此三塊砂三个兒子後三房均好而止發二房者

何也以其案砂近故也惟砂遠多三房先絕左砂遠

較遠砂稍近長房後絕。凡砂一去穴五丈。一去穴

十丈。便以五丈者為實十丈者為空此以遠近論也。

一砂身高五丈一砂身高十丈則又以高十丈者為

實高五丈者為空凶以高低論也高低看全州唐氏

坟遠近看衡州繆氏坟低空而近尚无大碍若遠而

空禍難逃。

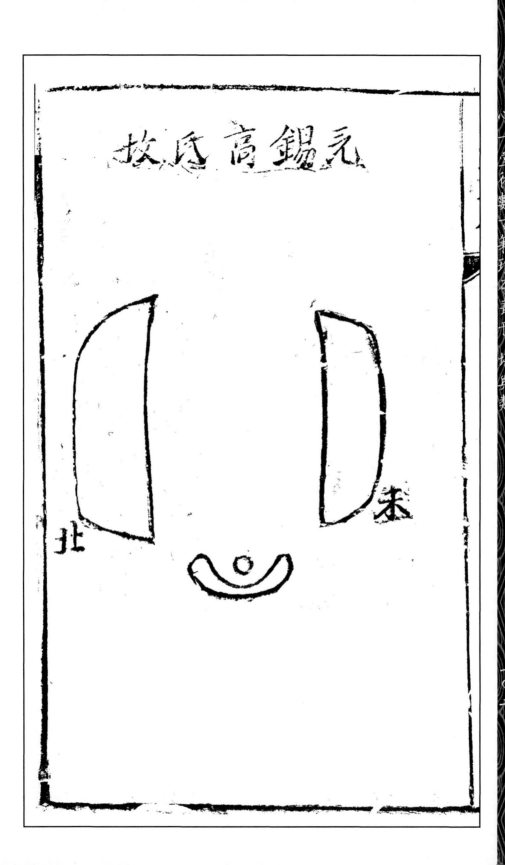

元錫高辰坎

北

未

龍席均勻宜長三均幾殊龙砂較席砂高峯夫眾砂

十太遂奪遇左手兼止幾長左手催官在丑右手催

官年未玆丑未各幾一人乃共竟不幾而丑年中兩進

士甲戌年却其丑未各中一進士乃止幾丑不幾

未亦解其敬遊閱地二十餘年各家祖坟考驗之得

哦窾可見面頭凡重然畢竟丑肩清楚未肩稍模

糊

廣西全州唐氏坟

稍高

暑低

高地

地

低地

旗形秀美固是吉旗悠揚飄動旗頭纏入坤宮亦然

又元殊旗後又起一旗頭乃纏丁未分野較高四五

尺遠特強而奪之壓住坤砂止然武解元武峰未也

卻又兼丁可惡遠少壽貧弱岾頭中以高為強以

低為弱以近為強以遠為弱特勢相奪如凶。如凶

看地法歷來地理書道及否。凶地謝捷三要弦我。

余戒之曰看地時不許旁人洩露唯寂靜看完血言

血斷方有趣若耳邊嘈雜便不能妙岾頭說

秦氏尢尾山

岂頭以高欺低以強欺弱大小地皆然今有一地丝

坤向艮龙淺坤峰背後未高起一坤龙伏下再起一

申砂穴塲浅坤申两山界水中出来生氣左申旺氣

左坤正宜子午邦科艮年癸甲乃坤峯特殊卯年癸

科丑未年癸甲以旺禽生者何也益以坤峯是来龙

为力既重而又山頭山面全逢穴中申雖出砂却浅

坤上過来又低丈勃精神情意不及坤之常通也

元錫李氏祖坟圖

高文多

高
一丈
低三三尺

高二三尺

穴後
土墩
高丈
餘

此地左元錫東鄉四方皆高起所以蔡族唯龙乎近

穴処低二三尺長房遞弱〇元錫非平洋即平陽皆

以高凖処斈祸低薄迟衰敗与五為奇書内幕

講僧所説之法相迭紹興寧波盛传幕僧所扦地大

斈後余観其斈地並元憑揽心疑其另有一遙及祖

宗之乃皆後世子孫扦日山龙美地而斈陸氏子孫

逺之甚详

福州繆氏坂

艮

乾

田

田

申乙

右脉直下処王姓坂左手偏坡是繆坂

齒頰恃勢而奪發者前金州唐氏申庚山向一坐

氣女旗竟被奴砂高數尺奪而繼武元錫秦氏坤

艮山向申砂出氣積低數尺被坤旺砂奪而發科發

甲今又有坐砂破出砂奪者蘇州繆氏午山子向

坤艮二砂並起乃危茫坤砂秦為力已重而坤砂又

貞如寶鏡晶光肉之遍熖穴秉遂丁未乙未中舉卽

艮砂雖高遠隔一田陡又退元癸砂峙照便竟寰

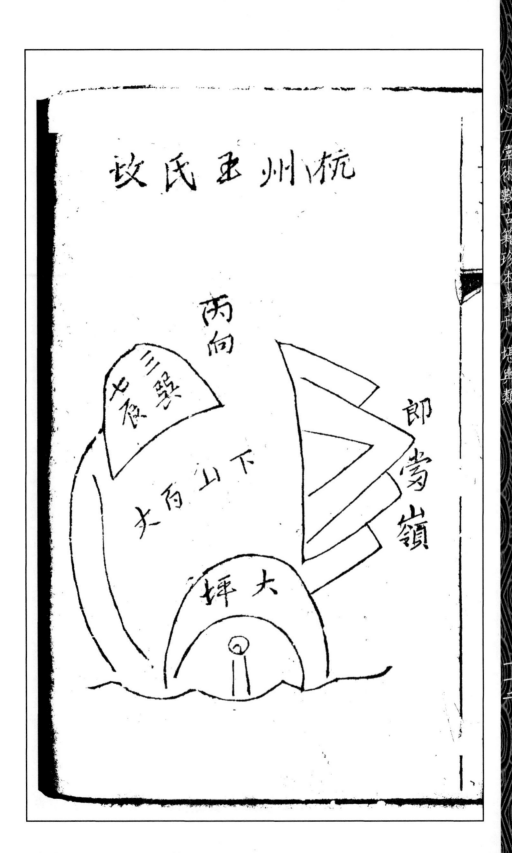

杭州玉氏故

丙向

癸三七辰

下山百穴

郎嵩山嶺

大坪

上地朝向宜遠忽青左山趨近案來起一高大金鐘

形乜奴三生二房巨富發武貴支小貴所謂朝山堂

遠卷趨案次子亦吊作朝屏是也左右手室遠元用

右屬手秀乃峰揷天柰如左遠又不及金鐘之美亦元

用可見砂形雖尖秀乙遠又不及金鐘之美亦元

用可見砂形雖尖秀乙滇光圓玉潤方能發禍而

元以近身貼切為妙此至訣也

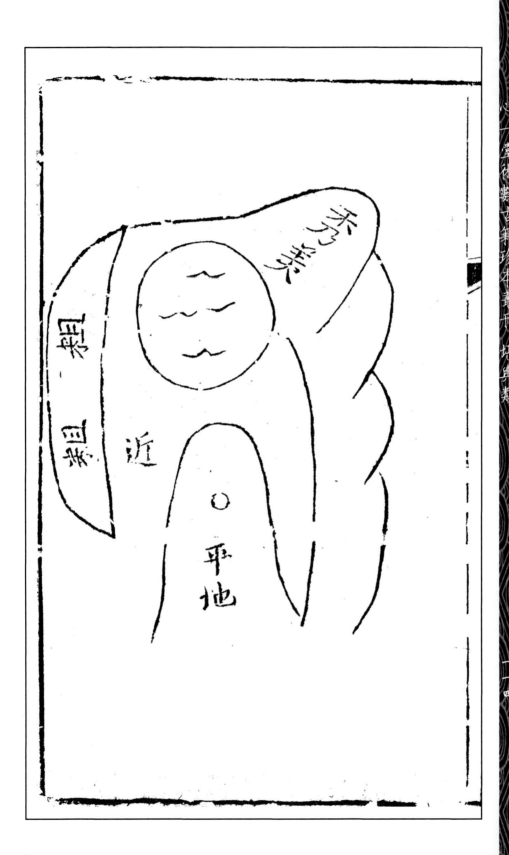

有二子左砂緊護而長子不發者以其粗頭大過也

虎砂遠次子宜敗而強睡者以其秀而迎穴也遠近

之中又看粗秀如此

石門吳氏地

案砂豐秀蒲美巨寅

左高尺
氣二

皆孕

石門吳氏地左身一線過河橫斜入穴察砂高起豐

滿而旺所以大穴四面並無催官砂而主穴左手附

癸一穴离主穴二丈大三丈高一丈餘居辰巽方遂

父壬戌進士子丙顧進士翰林顯宦右手去穴三丈

居庚申方遂衰敗左坟辰巽而雜即河北築砂法此

凶意外偶合。此地左氣盛旺所以穴貴顯赫。

舒城趙氏墳

祖墳

池

二斜

困二

三享窨

長低絕

危

穿透真書

舒城廬州府屬與趙聚五趙念方祖坟來龍秀嫩活動止五六丈長脊高止尺餘穴緊頂之左田低平長絶前田蛋高尺餘而多斜亂二房窮弱不過三房以右手餘地寬而厚又祖坟一簇在戌乾有以手高壞遂發十數萬由此觀之發祸之源固係乎龍而公位之發祸寔左乎砂不然仝一龍也何以獨發三房而袠二不發祸也○可見地理書說以長房管左身者不是。

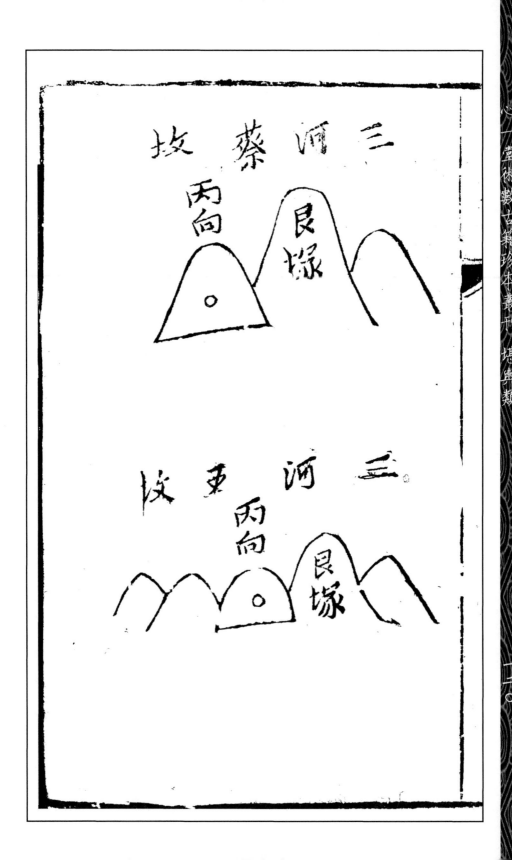

三河蔡坟
丙向　艮塚

三河王坟
丙向　艮塚

江北河北平陽地魯左碣迂舒城等處皆如塚堆光

潤員嵌者作催官不止一壬蔡塚為煞墊即至蔡二

坟並以丙向艮方高坎而發甲丙申年還全州吏目

附承右春坊蒞有治先生賜余朝衣一襲開爵一對

語余曰大封翁墓坐卯向酉忽南方有旗人築一高

坂逶甲子癸未癸入詞林令郎戊子壬衣癸入詞林第

砂之法驗哉○坐三碧若木八中宮七赤金煞到處八

白死土到坎而壬子癸年發慕僧三元運白法可参

地陽平氏楊社洛

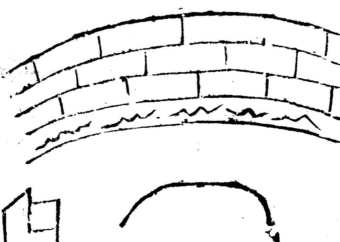

時余登穴見案上田水層、朝來又見右手餘地高。
而厚乃曰三房大利見左近穴處低薄乃曰長房弱
已屋作外青龍乃曰四房尒利前薬高翘二房徐癸
眾咳語、、如見後十數年。遇一李蔣大鴻法者全叅
到穴見左低右高乃曰崇癸長房余曰二三四何如
荅曰二三四皆小房置右手右边地高厚以皆不利。
長房左手低所以說崇癸他觀此蔣大鴻慕講儒之
書竟与地相背繆江東人何為受其蠱惑也

金華金氏墳

田

田

田

大陽金

忠

田

平岡尤分開三股。中股直行上前右股上前弯轉。作
中尤逆水案左股亦上前。与逆水案交合以作水口。
中尤尽頭不拵以元用神砂故此金氏在左脇下拵
拵向一小池、上寔起一高大太陽金以作用神在
乙卯方位穴郎向之癸一穴拵四五人此
乙卯方位穴郎向之癸一穴拵四五人此
窠人知之乎悟乃李问方長。看此地可知尤元正
砒過物即配之吉巳。贵车乙卯二子。此圖明白
顯見人圖之尚有昏迷不悟者乎

絶五代
代發 ④當

⑥空邪

即絶

②空遠

絶

⑱空遠邪絶

③近二代發
人丁悠久

⑤空遠
漢絶

此地名新庙坳口六房人室者即絶不空而遠者二

代絶訣遠而砂秀者即祭祖葬二代完意回遠至五

代絶虎砂三房近而護穴以不甚秀媚乃二代發完

竟近而護穴子孫衆多悠久三房丙午中絶魁余祖

心一公諱雯孔四房余伯諱拱摳中丁卯鄉榜地不

大録此以為六子看公位之法

左游棄馮坟

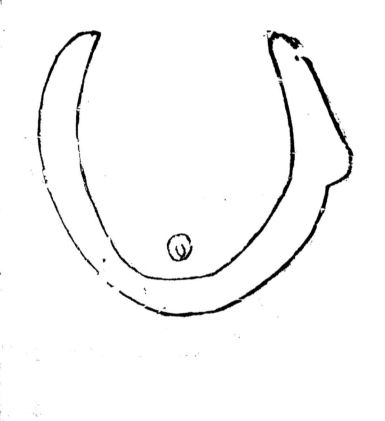

如環帶紗大極圖寬象子皆利殊右臂肙上略高尺餘
便幼子利餘皆不及葢吉凶悔吝生乎動也動則愛
信然○兄弟二人長官弟貧表葬之費長子独任
即附癸穴右誰知幼房独盛而長房竟絶也尺餘之
高關係如此可不畏哉然穴場穴偏居右為丈左手
不大寬遠而長房遂絶所爭止毫重間耳

山之成形者萬中止一有扦頭者。有扦脚者。有扦腸
者。有扦耳者俱不可拘。而所必拘者。在一扦字。左無
正。則遇物即扦有扦方結穴。今凶蝦形極真無柰俗
人不知就形相勢。竟左蝦背頑囤亂扦不顧。四山有
護無護不顧穴場。有扦無扦不顧四水歸堂不歸必
之柰何。

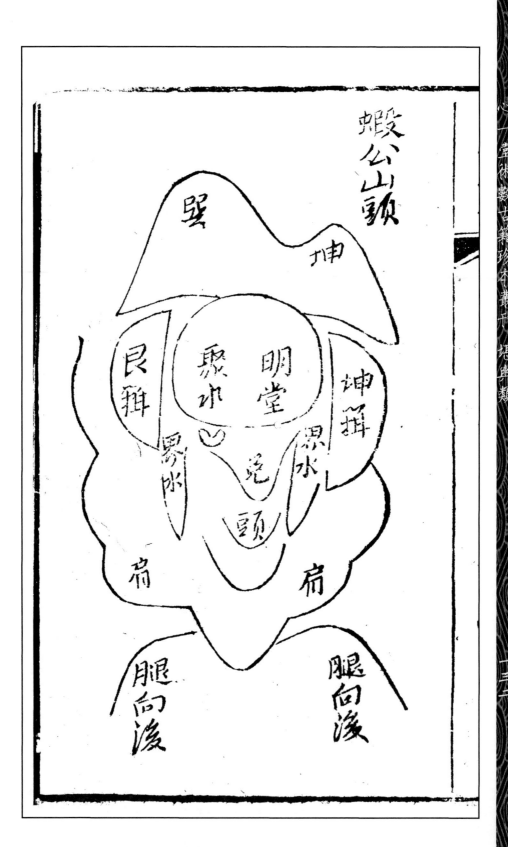

山頂起一頂下一層生一頭既不直硬而朝山起天焉

左席生二金星四面有遮攔矣明堂如棋盤水口案小

交互元辰水不直出矣如此紫密風藏氣聚之處穴

不結此反結在八門缺八風吹處所乎俗術何憒

也○此地左臨桂縣西三十餘里山名即蝦叢山土

人愛其形真多左蝦背上蓋誤巳若乃真穴輭之

窀春山天子岡生孫權祖坟更高一層

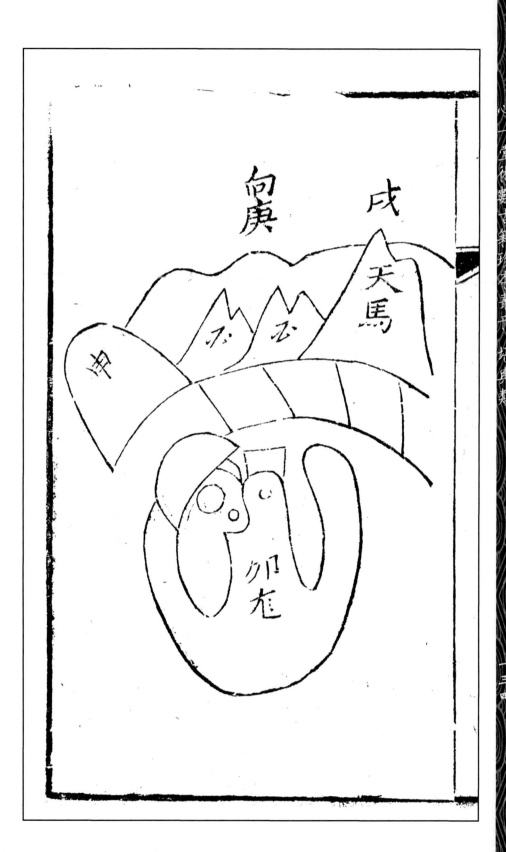

此地父辛乙戌辰發二任督撫制三邊吏部尚書。

子巳乙庚戌發狀元及第翰林春坊三殿中抽正頂。

龔老口者卯龍庚向且有裀褥竹正穴而青龍不抱白

馬硬撞腰大堂田水左宮右寬勢趨龍頭的以不發。

庚穴硬劈龍角申向不合卯龍且犯八殺而青龍弯

抱作案二下一員淨小池二外一倒地笏大堂田水

龍頭收盡白馬弯抱外朝員拱所以發也抑龍就向

就局觀各山頭而父子的舛年分与官爵甚明白也

無錫薛氏校

丁向
丙
壬

地雖無砂而左右田
塍護穴無風雖無
大水而穴前兩明
堂畜高聚蓄水如
當手心所以巨窩

築砂之法屢有奇驗甲戌冬薛宗文與余嚴堪看祖

坟平田腰間開一糞箕窩无左死脈无砂水窩中又

積水安以有地忽見左昭附一大坂在丙方余欣然曰

有地巳人問故余曰癸山丁向催官在壬丙年大利

果宗文丙申命寅葡令即二宣丙辰命時十九尚余

勉之曰汝發巳果壬午癸未聯捷

平田

汪洋

平
堂 地 真 田

平圃范高四五尺

平陽平岡宜先結一假堂局虎身以收有穴作三峯

水不相対而大河塘沿田塍歪斜河中水不凝聚林穴

葬入土岡內反面石碑墊在平地緊對中峯面前塘

沿墈路抱如弓式河水泟洋聚車中心多代科甲此

平洋泟大美者若元虎身做馬基以美

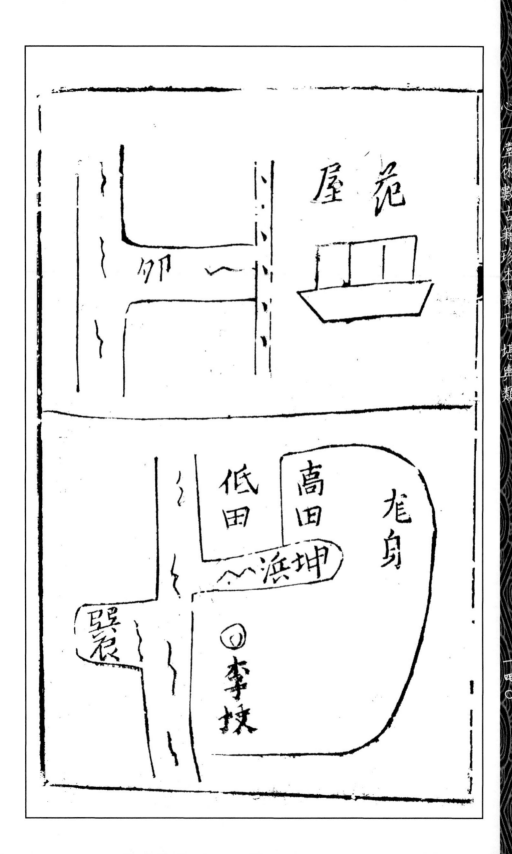

平洋平陽以水為作山峰而發科甲者鄞縣李氏坟
以坤巽作催官發四五代顯宦范氏住房以夘滐作
催官而乙夘科中經魁范滐插進李疾插出均發撥。
要水先現出乾溝無用。平洋地林坟与此真實有
據宜尊行之。

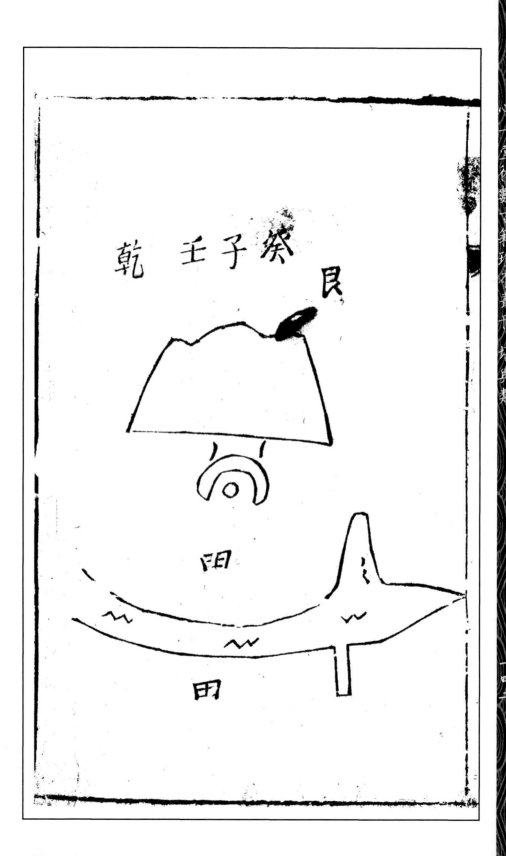

平陽中四畔無砂止中間一墩為孤峯獨聳葬生墩

上者元不衰敗此地乃郡縣滄桓仇老生親葬之

於墩上塚堆纍纍此獨生墩前吐下餘氣到地五六

尺而葬焉則此墩不作孤峯而作來奋出山光柔焰

六砌以壬午癸一科戌子巳丑聯捷一甲浄葬棺底

填土二三尺塚堆高趱方能收出山光華也凡葬

影法恰十數年速發為美

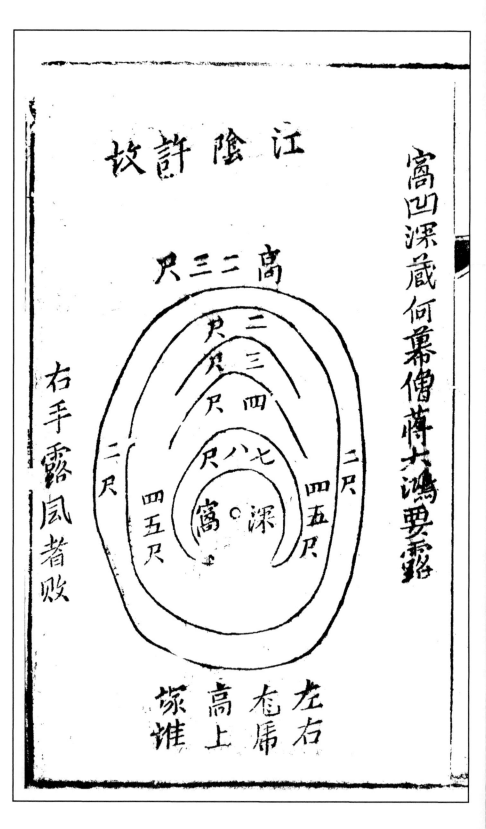

江陰許玫

窩凹深藏何幕僧蔣大鴻要露

右手露風者敗

高二三尺

二尺
三尺
四尺
七八尺窩。深
二尺
四五尺
四五尺
二尺
四五尺

左右
右扁
高上
塚誰

前地透出墩外取宅山光華以作催官法甚巧此地

平中一突八九畝大突高丈餘四边如鰲裙高尺餘

突法宅進實心取突頂作催官宅此向南心窩中作穴

宅土作兩边危㡌護穴遮風穴甚氣煖田中艮危趫

墩頂生子方所以甲午命以白衣做濟寧道管河工

捐納而巨窩長子戌午命次子庚午命一子冲出三

午

高墈
来左夹
夹尖角在
后墈第二
一里宽
屬
聚〇二千丈低而高〇
明堂去六〇前
如蛛綱
酉
庚
申

上圖劉姓坟。祖地蔭進士。母葬此。余同明堂如珠綑。

如銅羅應得選大富之鉄。今葬二十餘年水運正及。

時已。忽見後勘露出亥尖乃曰此作崇宜速去東家。

忽視之。次月報選徽州府教授大恭喜。不意一年此。

二圖朱氏坟。左边庚酉山高而逼焰長房大利殊丙。

子葵甲申年長子忽死。不解其故隨細驗之方知穴。

穴土壙左肩上申方長一丈高五尺為恶也。人看地。

止看高者大者。不知穴傍之關係如此。宜小心緊記。

五一

三峯朝山大武金星以來龍做催官砂力固重也應

丁　表

壁立

深文

右合　　　左合

西山為許真君葬親地又應出仙但小佛有二種今穴塲。

照定碑毋挪動唯定內分金有兩橫穴立癸山丁向若內外

出尚書布政。

然又該仙佛。

寺記應出佛。

攄壽佛湘山

攄郭璞江西。

全向帝金。坐女五度剤標七度則出清令山佛若坎
面丁向壙內放棺斜向兩首坐寅向申分金坐箕三
度向參六度。則出富貴仙佛其尚書布政全而寅申
者則更悠久也龍來二百里結三台美格誰知龍真
穴巧反以三台為兒挣而以本龍為正朝看左右兩
台脚齊向後抱穴結大勢明白己所應者時術不知
此函頭不知此理氣異日用事擅改余記耳康熙庚
子臘月巌陵張九儀志于全州捕署以贈橋渡幼張

全州赤壁山

謝老先生篤信余道。特取給之。

案不遠見

察堂好

羅水

天池

湘源水

郴川

全州李宫是鳳形朝向三華山亦是鳳向鳳

亦是常理但赤壁山富堂碑眼盤石大

正結一日李宫行香細看之忽悟此為

五十里山水團聚乃在赤壁山左皇右

乳斜孔雜之水但催官遠三四代後方坐鳳向鳳坐鳳

山之遍始岢代即燦也

全州城乃風吹水刧之所盤石橋大風吹掃小南門

水急不停唯湘山寺基稍可亦是偷結巧結

缺風吹詎是

雙鳳呈祥四

鳳一案遮去

燦不岢三華

兩石柱
丙向兼
午三分

上地夾丸丙向乙方一塘。余曰丙丁猶雞位貴人水

放光誅巳乙丑年癸癸乙年癸科乙丑年会元榜眼

忽見坟圍左右兩石柱。正丙向兼午三分。余思乙

水入西兌。其形大宜犯今三分午向亦甚細微也犯

能破午又離水悉入西兌。恐犯犯桑中之期果然夫離

催官篇玄聽之妙如此。合洭王姓坟丁向乙上一

坟壇長子甲辰次子丙辰乙作生氣三房辰年生兩

子皆含糊催官言乙丸辰水玄々乙砂辰年玄甚喬

巳丙

內案
堂砂

丙兼巳三分出山之頭也在尖中則以消砂論較容

砂力更重

市显俊读歌不两丁救文山水朝皇恩浩大叨原宥
此地山頭正頂是丙右肩兼巳三分余曰煞動中宮
要殺人。但正頂丙是救文必無大禍果打死人兩次。
皆不向抵　觀上技可悟納水法觀凶墳可悟消砂
法。　要推悟不要拘泥。

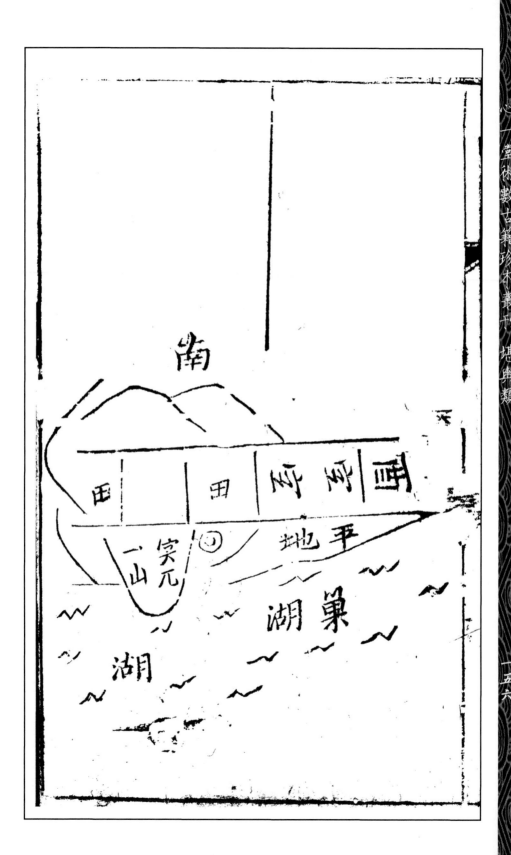

巢湖边上突兀特起一山余在三河鎮去山二十里

見之曰彼山有一大地市人曰山名白石出一土撬

兵惜与吴三桂交战砲傷存一腿回家余曰定壬方

宅陷湖風掃了次月趙聚五欲驗余言虛實往視果

然贈余一百六十金為葬馬槽口地之發開府在廬

江界便讀歇壬方山陷夗岌尤為官陣必全軍覆不

差但子癸尤不拘夗岌

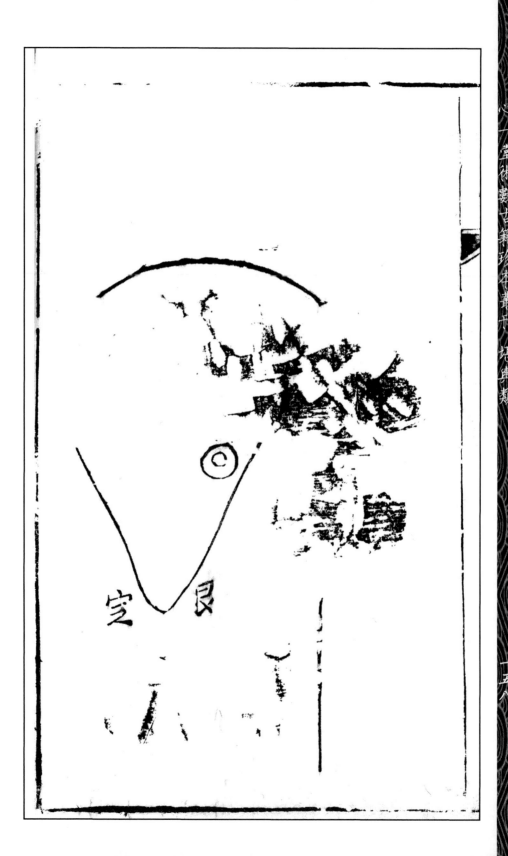

無錫王公雲錦在蘇州大湖边葵二親艮亢癸山丁

向艮為杀氣宜二房絕而丙戌科二房中狀元者人

止知外貌艮亢丁向而不知其内實乃怨穿山穿艮

山實穿過實宮去透地透向丁實透入坤之末闗所

以艮丙辛寅午戌三方会局逢丙干戌支而中開甲

也此法穿透之巧處亦穿透之實處人能知此造化

在掌握中巳

壬子年余至穴人問三房人若何斷法余曰堂水至

入坤申長房大發

乙辰水未不停

二房丁才小

好丙水破局三

房絕读五鬼運

財未長房凶貪巨水

攷之然有狐仙来戲不損人

地理之水法各家紛紛不一止是河圖洛書最驗而
其運用之方變化多端總以淨陰淨陽包括之賴布
衣催官其驗如響今畐上地在向水路一一註以便
人知所用法也郊辛午向可見以在定向者非也子
山申子辰會局今辰來坤申上去繇祠可見以辰為
黃泉杀人流破坤申長生方少丁之說非也丙水人
言六秀此三房絕亥五鬼運財于長房則六秀怎非
也長房巨富七代以水八坤申二房辰水才丁穩當

後龍戌乾注視穴場所以午年解元戌年

會元

青龍

來龍

地理書非假即雜。者以理氣言也。看山頭辯富貴貧
賤只有渾天開寶鏡一句。其生旺墓方之說不驗矣。
景蔦山不起于旺方。水不歇于鬼鄉。似是而非山頭。
書益不能假。然亦有之。如朝山亦自有真假。若是真
時特来也。若是假時不肯来。徒愛尖員巧如疊此語
詎有不真。然而龍游余氏金鐘形朝山万花楼是背。
而甲戌壬辰發兩進士桐廬美女鋪氈青龍山水口
山皆背去而姚夔史部尚書以岱頭書也難信。

土屏下。一倒地木。鎖起太陽金。四面山低小崔立

高平田
大木中
低
低小
小低

雞羣之象。

書非但止楊救貧

書不足信即郭璞葬經。

亦難信童斷過獨石五不

葵誰知紹興明季出朱相

本朝出姚想督若獨山也姚

公者石山也。

公諱啟聖贈太子太保共功共德最大扬建郊寇窃

據臺弓　朝延征剿民間羞徑即以余建坻論每詭

田費三四兩。自姚公為總督設計誘降後。每畝田止

用三錢率一縣而山東而江南江函浙江而務建皆

可知巳四五十年。荼毒。日方免民之受其恩澤詎

小可耶卻壋既降。聖天子無南顧之憂疆土安寧

其豐功偉烈可勝紀乎如此豪杰而独山蔭之二令

翻淮安知府乙未爰在京述此地形言曾祖及祖葵

焉余問魯祖幾子。曰五人余曰第五子祭巳著止三

不差。

子。則發在第二子。曰太保公。乃五子之第二子也臺

高 岸

乾

田　田

坤　築　地　築　艮

地　築　地

巳與地

餘杭朱姓兄弟二人尤子一尖命一巳命得一粘魚

形土名石明堂平地無砂而戌乾水特潮最美宜扦

巽乾局梁巳砂作催官以催子与巳尖命合查巽山

貴人在寅今選日要取寅貴到山今寅作子尖馬文

戊子年　　申巳寅　　　　　　　　　　尼

甲子月　　　　　　　　　后尖甲　　　　虫貴

甲辰日　　　　　朱申寅　　朱巳午未申后

巳巳時　　空丑辰　　　六辰　　乙明

　　　元戌丑　　勾卯　　戌元　　　　勾

　　　　　　空丑子尖常

　　　　　　龙⑨

　　　　　　空白

作子月辰日馬又作甲月甲日禄又逢十一月大阳

在宅乃用月將加時法特取巳時使大阳带領禄馬

貴人之宅臨巳砂葵山以巳砂論訣巳乙丑年生子

以大阳带禄馬貴人之宅到山論文訣宅年生者為

貴子癸後果庚宅年乙乙月巳巳日戊辰時夹命人

生一子。

看得丞山周宅坟山頂是艮危横下是甲危入穴雪

心賦云脉認来危是甲危要聚来危之艮會近而

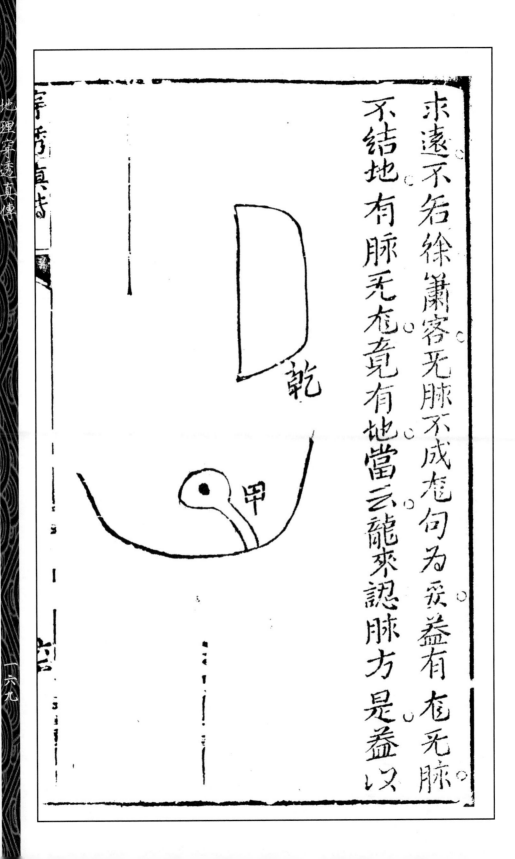

求遠不居徐篇客無脈不成穴句為灸蓋有穴無脈

不結地有脈無穴竟有地當云龍來認脈方是蓋以

来在上要認脉死即死在不来故也此地穴場

開一平坦淺窩穴後一條甲脉秀嫩如活蛇貫入窩

中有脉有氣明白顯見所以八九年即發罷甲後又

發罷科甲巨窩但乾砂遠半里多在三十年方乃止

八九年發者固以脉氣盛旺而尤以大六壬得力也

甲在扦甲山庚向貴人在丑時大陽午將加申丑貴

輪到甲夘山探花又丁丑生命又四个丙申便有四

个丑貴力柤不重所以然㷊大止填動甲辰又大

填動。所以不必到三十年而發也。六壬大煞能奪砂

運力圖重也其竅在左丑為山貴到山即為祭主本命

發在初傳大忌來填動而又二待亥又作日貴帶朱

雀文星入丑命也貴人登天門又是六壬課美格

丑戌酉

		巳		水昴五
日星一	壁翼十二	辰		火張五
		卯寅丑子	戌	

夾月筆六

計斗土事庶五

四丙申課。非止斗首六壬合
竅并天星祿馬貴人法并天
官五星法亦皆合竅午將加
申則未加酉庚向上金作公
貴水作巳祿羅作天官忌作
天貴四吉星全在向為朝元。
在三方拱甲卯山唯
何利如之木作天祿土作天福
計化羅是壬水火羅作天刑為

天星祿馬

論嶧

貴人取法　子丑土　寅卯木　卯戌火　辰亥金

巳申水　午卯　未月

作祿元馬在寅木作

假如丙子年祿在巳水

作貴元用法如甲卯山金星水星在丑在亥作稱貴朝元

馬元貴人在亥金星木星

木星在卯作馬作貴守垣朝元力重于守垣　天

宦五行　化曜　甲火乙亨丙木丁金戊土巳月庚

水辛烹壬計癸羅甲為主故火為天祀乙為劫財故

亭為天暗丙為食神故木為天祀丁為傷官故金為

天耗戊為偏財故為天蔭巳為正財故為天貴庚為

七杀故為天刑辛為正官故為天印壬為梟印故為

天囚癸為正印故為天枢　五星盤中最喜正官天

印名曰天官喜作命主命度主或與命主命度主全

宮全度或天官在限度上行遇之俱主癸科甲最怕

天耗剋制天官最宜天荫天貴二財星與天官全宮

度三方吊对宫燄為財旺生官此行限流年若得相

會遇主癸科甲天荐作官九天官之七杀故怕與天

官遇不論金木水火止論印貴刑囚如甲木辛為正

官是煞星遇着土星不作木尅土而作土生金甲以

火為天祿遇着罗星不作餘奴犯主而作癸水未生

甲木十干化曜不知其所以化之原也　　如上四丙

申星盤金水罗煞四宿纏未申時加臨庚酉向以天

星祿馬貴人論金作乙丙貴水作已祿為祿貴朝元以

天官五行論金作文星罗作魁星作天官煞作天貴

水作天萌為文魁官禄罗朝元四者朝元故大利

楊益貧天盤立向陰陽差陰錯及八煞煞瞎害世人

而人予知者共有十四向、

天盤午向　地盤半丁半午

少女金火相戰遂害¿女口

天盤¿¿丙向　地盤半午半丙

午¿卦。丁兌卦中女

午¿卦。丙¿¿卦净陰午火。

离卦净阳阴阳駁雜互作廉貞所以寅午戌年燒

天紅并犯吐血。

天盤巽向　　地盤半巽半巳　巽阴木也巳兌金也。

辛乙为巽八杀巳属乙党二女相剋主犯冷退損

女口出乞丐

天盤辰向　　地盤半辰半巽　辰坎净阳巽卦净阴。

阴阳差錯互犯文曲所以犯怯症巽向辰水立聰

天盤艮向　　地盤半寅半艮　寅木艮土艮怕虎且

亥作廉貞主吐血或鬲傷

天盤癸向　地盤半丑半癸。　丑作癸水羊刃。主刀

藥凶見女禍隨母嫁不歸宗。

天盤夾向　地盤半壬半夾。　壬离火也最怕八殺

猪离龙夾水刑湘仝主吐血痨瘵

天盤乾向　地盤半乾。　半夾　乾夾雙朝人吐紅瘵

天咳嗽

天盤辛向　地盤半辛半戌　主婦人吐血主喑啞

穿透真者一

犯鼓盆杀。一戌上有大池立灾向父子各剋三四、妻。

天盤丑向　地盤半辛半酉　辛巽木也。丑兌金也。巽之八杀在丑雞二女剋戰主剋妻

天盤申向　地盤半申半庚　申猴金也庚震木也震之八杀在猴多犯人命盜案破家夜間常被賊偷以嘴窩天賊星也

天盤未向　地盤半坤半未　未震木也坤老母土

受木剋。多寡母。少年亡。坤向兼未坤多未少男

人吐血凶。未向兼坤未多坤少女人吐血凶。

天盤卯向　地盤半乙半卯　乙坤土巳卯震木也坤

杀怕兔犯者損三四妻卯龙見坤水气然。

天盤甲向　地盤卯半甲　甲乾金也剋卯木阴

阳差錯。多鰥夫。

巳上十四向阴阳二宅止空向固受害若水路盈流。

为害尤速且显又有如沈坟巽向辰水来壬坟巳丙

向與水來向水相湊合亦与水路並來全斷惜世人

暗受害而不知。

陰陽二宅各處山川多好結乾坤艮三局人被山川

所騙遂立此三向與發不能悠少盖此三向穿山中

最多退洩焉也。

乙丁辛癸第一甲庚丙壬次之八句。二十四穿山中

多主旺炁。故富貴丁財多悠久特迷示人以便取舍。

坤方高過人皆曰白虎昂頭又曰白虎擎拳又曰白虎啣尸毋又曰金字杀今中探燕請問人上四說准

手�渾天

室鏡中用說之准
乎乎

渾天寶鑑非但陰地吉凶立見陽宅亦然丙申年京

中驛馬市小巷內正宅坐東向西右手另一書院子

午局正房屋尖高起逼焰巳房余曰此房讀書者丑

未年中鼎甲果乙未科紹興傅玉露館師中探花

午向即堂下排巳午未三房者以廉貞倒掛頭也凡

大小偏正房間皆如此看去

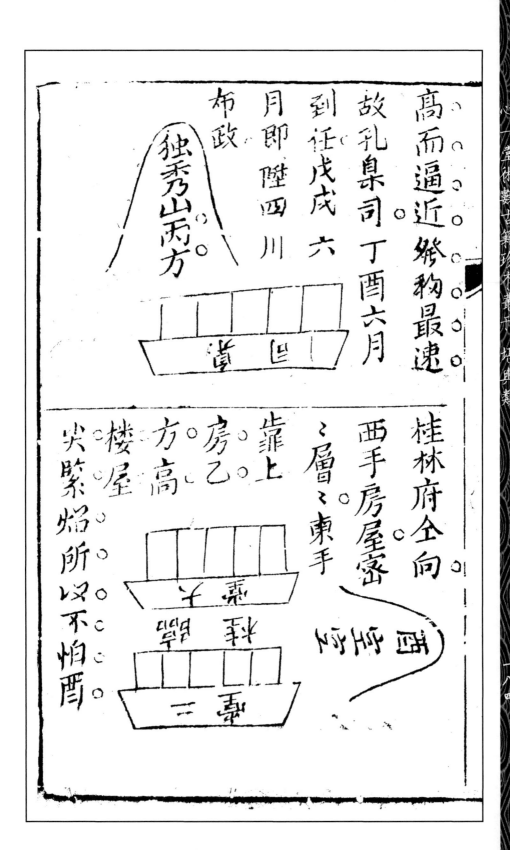

布政
故孔皁司丁酉六月
到任戊戌六
月即陞四川
独秀山丙方

高而逼近然豹最速。

桂林府全向
西手房屋密
～層～東手
靠上
房乙
方高
樓屋
尖紫焰所以不怕酉

丁酉年四月看臨桂縣堂丁向犯未末關之末酉方

高山炤來乃云下半年大不利以酉方全空無房屋

遮掩也次日康公曰昨夜雷擊余曰凶殺散已不意

十月康公卒若不犯未則乙年墜官止差毫寸余

年即墜命盗案到此即救通省亦少刑犯果然

臬司丁午山丙方高壓余曰如此衙門官到任一兩

蕭司丁午双向余曰十官止一好多損女口果然廣

盈庫介侯吳公到任数年夫人令媳皆凶

乾末関
窩○
中関

桂林省城

浮橋

打舡洲

<table>
<tr><td>桂林</td><td>桂</td><td>公</td><td>皆</td><td>末</td><td>病</td></tr>
<tr><td></td><td>桂</td><td>署</td><td>犯</td><td>関</td><td></td></tr>
</table>

穿山透地皆有初中末三關穿山中關禍初最重初
末減輕透地不偷粘着便是假如一與初關左巳粘
與初關即不為巳末關左辰粘着末關即不云辰戌
戌正月看桂林打船洲王宦陽宅坐辰向戌五六十
里外戌砂卓立山尖穿山中關其房透地向乾末關
之末余曰太卜戌戌三月不利九月大凶父壬午科到
都即選知縣滿肚地理書逢人說余妄言誰知果三
月病九月死其子丁丑科来求救遲巳

桂林嘗粮廳

大堂　中堂　邸　邸

巳　午　未

观此。周書八宅。分東西宅甚准。紫白吊替法及論三元當運不當運之法俱不准。

桂林府粮廳頭門在巽三门起一高门楼坐大堂視
之止在巽上淺不手入中堂又與门又淺右手到上
房又與门而卧房左右间巳房又是與余大驚曰如
此衙门官要驟陞回寓與介侯同慕云現陞平樂
知府张陞三级出此观之蒋大鸿以巽晋中元運今偏
府何也幕講僧僧以白吊督法喜生氣忌死氣坎宅
上元不忌運為退氣宜衰败而慕云以通判驟陞郊
九兴為死氣吊到巽而亡不為死氣何也

李二府尊署全州事。　賜翰云昨　藩憲面諭全州

吏目年高耳聾不必逆接　上憲臨時告假不出門可

也。上憲代慮如此之周全烟戶事自不必急行靜

候為妙。隨即具稟郵局叩謝　藩憲外附稟云明年

巳亥大歲祿元在午貴人左子藩司衙門午丁雙向

坐寅向祿時憲曆十二月十六巳未日午正三刻立

春此時大六壬課太陽帶貴人帶祿加臨午丁向上

拱焰子祭室下坐　憲臺謹候此時將二堂中公座。

後上前二只座後設一屏風作靠背即高壅

公座准衙後排班恭謁以賀新春主大得

聖天子眷碩恩賜寵榮高遷祿位去歲　黃憲臺催

壅之法亦如此

吏目公署前堂乾巽後堂戌辰皆不足取困巳亥大

歩祿亢在午貴元在子乃在後堂左手向南遶一正

堂堂癸向丁正月戊子日太陽在亥閗巳丙時竪柱

上梁取歩貴之子加午丁向歩祿之午到子癸堂祿

貴互熖顏其類曰儀鳳堂左右兩柱對聯錄丁丞春

黃藩憲諭楷下等非赤子簷前自有青天吏目張鳳

藻謹誌如此。

古先聖簶砂法久不聞于世者。以挨星秘法不易傳

人也人得挨星法則簶砂撩砂任我運用書云改天

命奪神工者惟此所以每見人家祖塋時正發眠忽

附一穴立刻死人退則者以新塚堆築在煞方洩方

也入家祖坟時久衰弱忽附一穴立刻發丁發財并

發貴顯者以新塚堆築在生方旺方也丁丑冬。虎丘

山前閱德宜宋宰相祖地墩阜一二十四圍邊轉一

如梅花然名為大單于格圓廣二三百畝固大貴砂

也而穴塲之地汚在平板死杂處主穴塚堆高一尖

四五尺坐艮向坤山向巳犯洩退氣而諸塚形勢又

不甚有情應當先代貧窮不料右畔前附第三穴環

轉作辛山乙向既得平陽中生旺氣而高塚邊在壬

子生方諸墩排列又依次拱煞宰相遂于辛卯壬辰

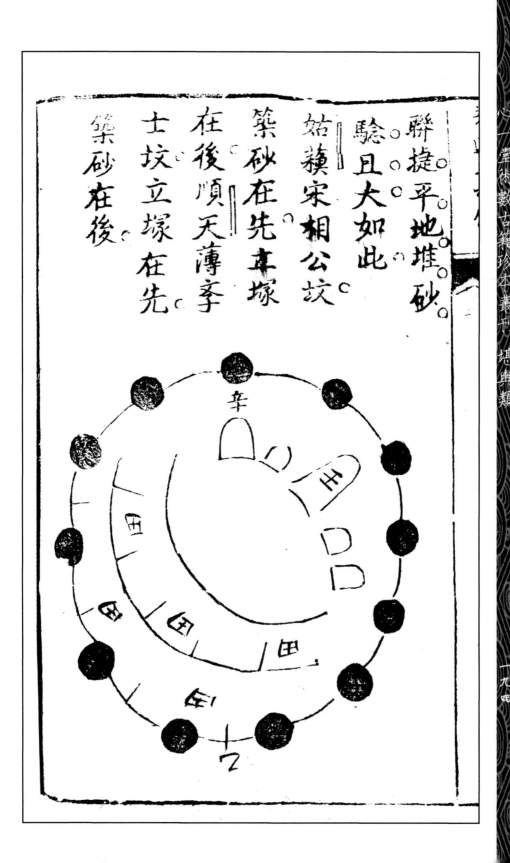

聯揵平地堆砂。

驗且大如此

姑藐宋相公坟

築砂在先真塚

在後順天薄孝

士坟立塚在先

築砂在後

此道傳授贄儀最重者以不宣濫傳故重之示人以
难也不意有詭計刁奸如臨桂西鄉池頭朱龍躍者以
其叔祖剋堪輿一貫廣西人家傳戶誦止因不得真
道遂自塗親自絕嗣龍躍以太原二府丁艱同籍知
真道難遇設計誘余到家甜言蜜語說明例尚輕當
倩四十金餘夏季冬季付明立誓表外又立一誓詞。
訊補任日再贈二百金誓云如貪者。神誅鬼殛以
罰不義余信而傳之數日後同省城人皆笑墮其騙

七三

計不意果然止如圖頼四百金而

已其又立誓詞者窺余心有不允之意故也

向讀賴布衣七十二葬法中有圍葬法言四面剛墻
圍抱也隨閱建邑梘溪埠葛氏坟大二十骸今子孫
毀墻賣無錫椏山頭陳氏坟五骸大原丁百數今止
五六人深討墻垣無益也及看龍游徐氏金斗形方
頁二丈寬高丈五六富近六七代又看無錫虎尾山
淄氏坟老落高山生出平直山閡脉氣豐厚無石在
稍勭處訣是鑿丈四五訣棺用梯下龍氣即貫入棺訣
所以一年發也上築墻垣甚紧小訣不使八風吹容

山照天訣坐墻中左右數丈深坑不見訣大墻頭員平無

高低訣六七子均利訣大此法西北諸省尤潤土厚

砂水寬大及凡弟兄衆多公位难撥著訣最宜用

觀此可悟賴公團葬真法也凡事要閱歷多方

得其竅　篇中鑿大四五 不使八風吹客山照

梁坑不見。無此高低皆團葬法大竅圍式必

如徐氏金斗但立圍中見坤水坤砂便止三二子

利清圍開小門外砌墻遮門墻頭無高低子均利

消砂法

消砂之法用穿山虎訣有一山頭穿归一个者即作一砂論有一山頭穿归两个者即作两砂論有一山頭穿归三个四个者即作三四砂論此一法也又有一山頭穿归一个者即作一砂論有三山頭穿归一

丙

文華砂

个者亦作一砂論有四五山頭穿归一个者亦作一砂論此又

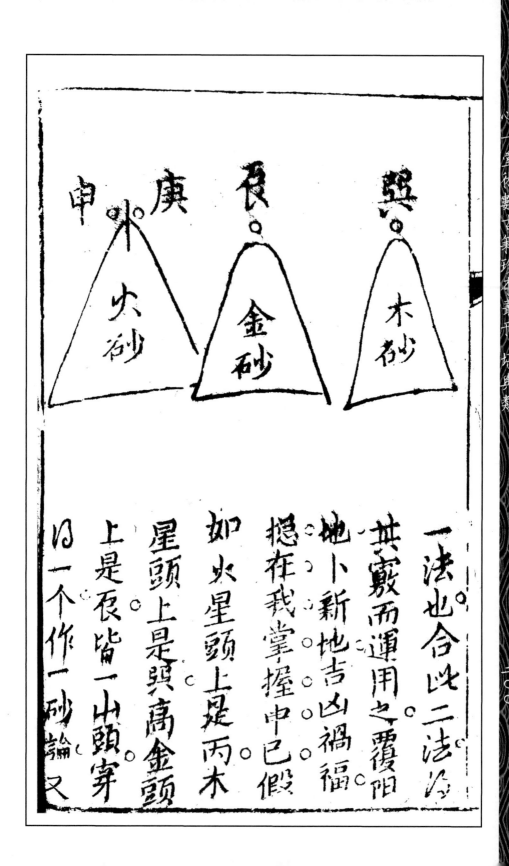

申　庚　辰　巽
水　　　　。　　。

火砂　　金砂　　木砂

一法也合此二法。
共竅而運用之覆陽
地卜新地吉凶禍福。
憑在我掌握中已假
如火星頭上是丙木
星頭上是巽高金頭
上是辰皆一山頭穿
上是辰皆一山頭穿
但一個作一砂論又

乙 辰
木
貴人砂

巽 巳
覆釜金

如火星頭上庚申大
武金星頭上巽巳木
星頭上乙辰皆一山
頭寧每二个即作二
砂論
又如橫開土屏左肩
丑右肩夘中間艮亥
申三處皆動大武金

土閣臺

丑艮寅甲卯

壬亥

柱笏土

星中頂是巽左肩是
巳右肩是辰皆一山
頭寔只作三个四个即
以三四砂論巳上是
一山而今作数砂者
又如双荐貴人左貴
是两初關右貴是两
求㘴又如天馬形馬

穿透真傳

巳。
巽。
衣。
丙刃。
己未。
乙未。
乙刃。

太武金　貴人　貴人　天馬

頭是乙初闰馬尾
是乙未闰乃兩山
頭穿勿一个作一
砂論。
又如三四木星為
出陣貪狼一巳二
丙一午南方純火
三四火星名為葷

午　丙　兩　乙　　卯　甲　寅　寅

出　陣　貪　狼　　華　陣　砂

陣一甲二卯一寅○

東方純木乃三四

山頭穿ঢ一个尖

作一砂論巳上勢

山而合作一砂者

唯此二法穿山以

消砂也

納水法

賴公以洛書奇偶數合先天卦位參看水路以一陰
一陽之謂道陰陽相肥方能生育故云萬物之生不
生于一。生物必兩奇肥奇偶方得兩肥若奇
奇肥非孤陰郎孤陽此賴公玄空淨陰淨陽法
也震書八宅用太極圖中四象以乾兌太陽坤艮太
陰相肥為西四宅以震離少陽巽坎少陰相肥為東
四宅東西不可相犯可見洛書之肥大肥也

乾納甲　得戴九數。

坤納乙。　得履一數。

十二陽向得四正奇數為陽局。

艮納丙。　得六足數。

巽納辛。　得二肩數。

十二陰向得四隅偶數為陰局。

陽局見陽，陰局見陰水為破局，破祿文廉四凶水。

離納壬寅戌　得左三數。

坎納癸申辰　得右七數。

震納庚亥未　得八足數。

兌納丁巳丑　得四肩數。

催官篇云三陽無砂水不貴又云有砂無水亦岸嶁

又云有水無砂唯富旺砂水並朝更為冠余閱地四

十餘年止見慎松等府以水勝餘皆以砂勝求砂水

並朝者絕少不意在德清蔡府上見之催官篇所云

一一為者有二兩午丁之三陽專論砂水法中難而難

用異丙丁之三陽專論水砂法中帶殺有害求其不

難无殺者最難不意蔡府地朝山大陽金星起在丙

午丁三陽方位金星山腳一大池水幾一二百畝蓋

八一

蔡府新坟

裏面前而且夾時承

丙午丁

庚酉

豐長

前后二穴皆水遶元武左右相

聖天子恩賜帮金又状元公親自選擇壬戌鄉甲乙。

君恩地理誠古今盛事也。○癸巳年德清徐大司空

靜園先生相招卜地問起長生法余云此油腔也不

可以之看地者看地自有鉄板定數支又吾又講話

亦真道假如今太老先生在癸丑發今老先生在

乙卯發鉄板數定是左肩東北角上有大小兩峯高

起先生曰果然～則余同邑紫府庚戌壬戌兩狀元

亦可不去看而言乎予曰何不可言之有擾鉄板數

定在西北角上
有兩高
頂星
星若壬
去看
無兩高圓
金則吾道不真便卽告辭
次日五六人往視果然

蔡府老祖塋

左手仙人

疏足形
卯是後
龍亦作
砂撥

己卯夏往太湖東洞庭山背晉文恪公王鏊祖地

右手祖山乙砂。術起照穴午龍入首各墳正癸向。

止丁財惟公祖穴點降脈偏右處撥午。龍頂入丁。

未頭祭向薰丑。所以乙癸流年中會元榜眼時。

沼州口見伍子胥塚與廟心甚痛之以人多忠

孝牲子胥之事最慘最酷且一身兼之因題一

匾曰苦孝苦忠。

神也有知母亦恫焉吾乎。

易三槐全州人傑也同懷十人槐行六偕五與七遷

諾祖母墳山之陽竭力邀余為之定基余到山見上

術甲山庚向水走砂飛偶因坐次見正西酉上

貴人峯卓立朝來乃問祖母生幾子曰三子余曰

第二發福非夘命即酉命　尊翁果癸酉命行

二塋六七年無意中得撫標守備余祖此基亦

應朝貴人峯左右山抱水聚明堂上梁課六壬

特用丁酉日堤貴人峯作貴人又取年支丹亥刻

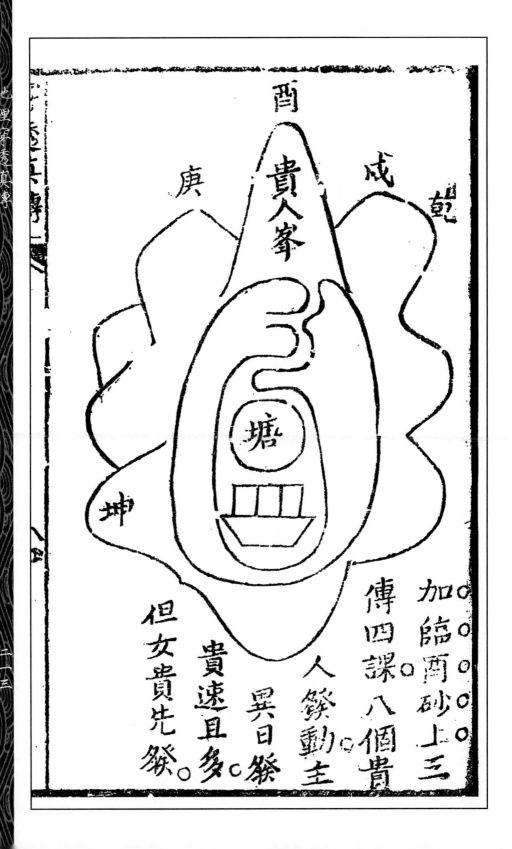

酉

庚　　戌　　乾

貴人峯

坤

塘

加臨酉砂上三
傳四課八個貴
人發動主
異日發
貴速且多。
但女貴先發。

徽州大地念目見一沈坑尖一朱塘一伯山及岑山
渡杭埠內多山愙山開帳七腦笑蓉橫長十餘里發
下五牧外左股為程宅祖地外右股為程宅陽地皆
發大福中股岑山寨水口盡結穴方姓出一南寧伯
以左旺也用神尋常腰間正結格局整齋用神秀
美鑿許相公惜穴過高穿透中以木生火誤入水
生水遂貪竆裹弱進內若山脚忽跌断為金牛
轉車竟似光紳含珠形余搆之即造五壙殊右

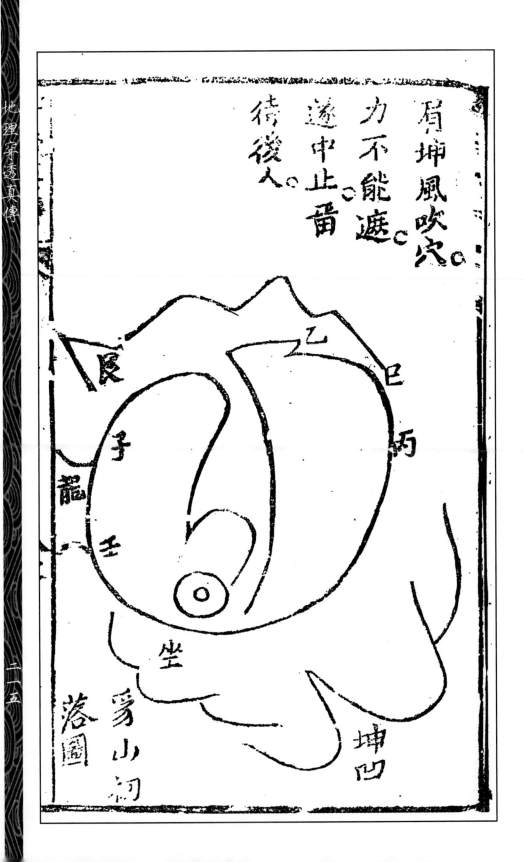

肖坤風吹穴。
力不能遮。
遂中止。畱
待後人。

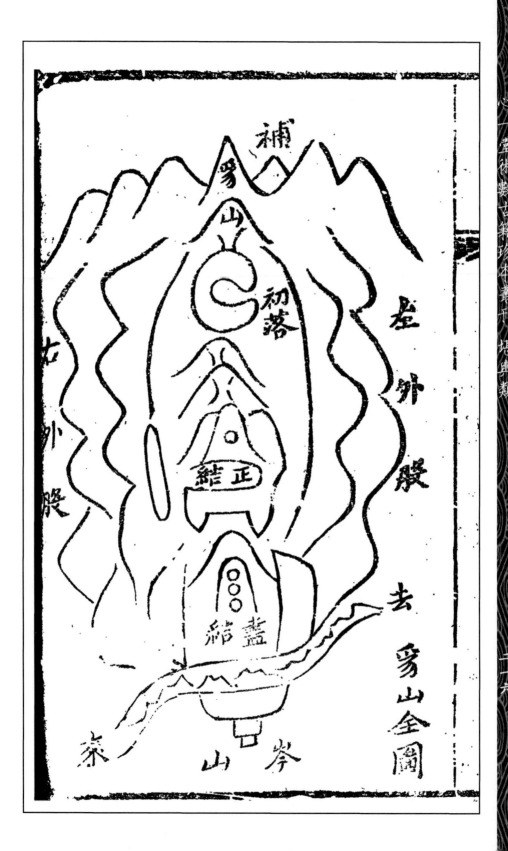

補
峯
山
初落
左外股
右外股
結正
益
結
去峯山全圖
泰
山
岑

圖看沈坑尖地、想及穿山透地　新旧地两樣用法矣

折新地穴易看定且来立坐向先穿看二十四山其山

頭穿金其山頭穿火其山頭穿木方行透地六中該

透火龙逢木山得生發科甲逢火山得旺金山得奴繁

才次透水不逢金山得生發科甲逢火山得奴繁

才逢木山得浅退欺便有疵金龙木龙土龙皆忌

此行新地趨吉避凶法也至覆看旧地先看穴中透

地在何龙如透火龙方穿看二十四山穿得水山便

知他發科甲穿得大山金山便如他發丁才穿得水山土

山便知他絕嗣貧窮而其中全要看山頭為主山頭中有

六山有高低有前後有遠近有粗秀有長短有隱顯此處

發得明白方可斷人家禍福之輕重遲番光後火暫大小

變換庶幾一人六、差再看古仙藝法何藝土何藝水何藝

泯何藝有无何藝無无此皆考驗旧坟方知扦藝新地法也

非徒以善斷人家禍福弥奇炫能也徽州沈坑尖地以東家

時體不能知此法所以埋没至今

桂林西来姓地圖

坎　癸向　艮

田　田　震

坤 ◎

凡地穴求壙中氣暖溫和生旺固發科甲殺洩亦發

科甲惟生旺發者猶金菊册桂日久彌香殺洩發者

如茨參朝楂曉開晚謝尔此處辨別之法非熟讀古

仙書多閱發福地不知也桂林西朱姓地穴乘坤氣

丁山癸向坎砂精華燦爛紹穴艮砂亦乘震砂

運脫而發三人庚午做同知兩子一正榜做教

官不數年而平副榜亦即死仝此地發而禍福

天壤何故也此処看得明白學問万深一層

後地在審雲縣北、近口外界上為鑲藍旗西定侯

李府第三房祖墳夫地也龍自朝山十餘里外行

來齒身逶轉收盡源頭肉水口一大羅猴鎮佳處

猛雄踞來亦亦湧躍奔騰然然大飛揚而左肩乾方貴

八地冲霄卓立結穴之場正在龍樓鳳閣窩中外

水口戈矛劍戟排列插天十面戰鼓坐鎮水涯加

地犬結構將晃兩定侯又生巳。

祖山

明堂

勇猛
羅城

肉水口

守中止見羅眼貴人峯外水口不見

龍樓鳳閣地圖

熟讀歌內兩水合局節後

吾將八卦歸元水。一一講來為君剖。乾龍入首甲砂

高張龍到頭辛峯秀坤龍乙。水當面朝巽山丙上砂

水湊子龍得癸酉得丁卯龍得庚午壬二八母最。

彎八兒砂無砂見水福亦茂。通書納甲號郗星。

地理藥取郗母守辛龍到穴巽峯親。乙龍東出坤。

砂透兩岸艮地砂水迎甲龍到頭乾水奏癸申辰龍

得子峯壬寅戌山見午阜庚亥未龍見卯山丁巳丑龍

酉砂搆是為嬰兒伏母恩較母得兒力更厚真間又有

本卦水庫方喜來不喜走鄰龙喜見未水來子龙喜

見辰水滷午龙最喜戌朝堂酉龙水來實喜丑來主

富豪去即敗催官篇內天機漏魯見入首是寅龙戌水

流向午馳驟魯見亥龙入穴墳丁未水出甲郊實魯見

子龙辰出申午龙戌水八寅數到穴非生即旺龙水來

之方皆庫手而且出生誕人丁而且沖旺富貴從茲

新生水貫天罡並非旺神向庫投人丁富貴濟非常

流俄庫方貧少壽歷來仙跡可登臨四大水口真欺謬

世傳婺源官坑嶺朱子祖母坟梁上金斗形所云梁

上者橫龍穴貼脊也所云金斗者穴前拜堂如燕窠

也今登視後龍乃流山下一如仙人側坐穴葬在陰

襄內並非復龍穴前坪地約十餘畝並不似斗前紧

低與穴等空曠無關攔所恃者右臂紧夾貼穴左邊

卯乙辰山離穴止三箭高護照穴壬子龍俯注穴

中所以丁卯戊辰發也朱子庚戌生與孔子同命考

戌兗州分野奎婁文宿營事所以孔子朱子皆戌年

生而朱子年戌月戊甲寅日主乾。

龍所納而得寅祿又午時生斷是

戌乾龍午向庚砂始穴之地闢

得尚有三四美祖池其中定

有誕育庚戌年命者在烏帝癸

正聖賢仙佛以及節烈奸

侯嵩是維岳降靈豈空生書。

葬地法何令遁形氣篇有葬形者有葬氣者

有葬影者夫葬影形時術皆能為之唯葬氣葬

影非具仙眼道與法兼蘊胸中不克杆余嘗

以如此地示人反被哂笑不意來全州北鄉地

名藕塘見之爰圖而註之以示式焉

此地左邊騎龍脊向小塘者似得老得水而山

川形勢不拱來所以不發上前危盡處者向

六塘幾得局面奈位居偏旁粗看似正静驗

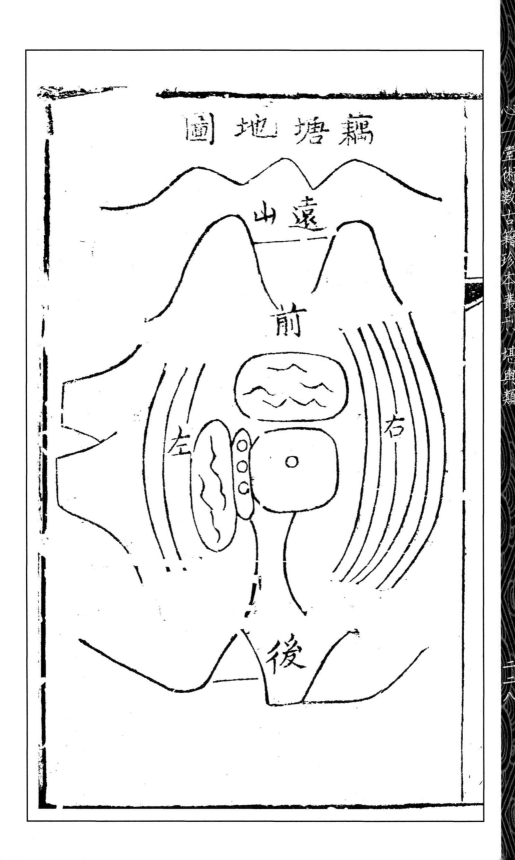

藕塘地圖

遠山

前

左　右

後

賓不正不正則形不親情不切秀氣逐減此皆

俗秀逐形之獎也唯棋盤中心正穴聚氣逐影

而又不脫乎形人立穴中但見塘水正聚向案

正朝坐山正挿端盤秀媚廷相之氣纏遶拱峙

儼然一家宰規摸業堪輿者宜細心体認之方

進乎技也此解元公謝太史新塋祖坟也公名

廣西驛塩趙憲臺到任次日召關公署余云此

濟世字石霖

衙門極穩。不必多疑趙。憲曰我要速于陞還尔。

用何法以行之余曰臬司用獨秀山作用神故

一二年即陞今此衙門催官薦元亦在巳丙方

楼

門頭

大堂

位頭入門在肩起二丈五

尺高楼便全臬司一二

年陞遷巳趙憲曰果如

所言吾當贈銀六百兩。

但此楼造後，將來各憲

俱叨蔭庇矣。

勺仙師撥砂之妙蕪州橫山尾地○穴腦來龍精壯德
旺○俯視穴塲高三十丈○正頂土砂圓淨居中肩左帶
金砂三分○木砂擁在金后共得三砂○穴左青龍亦高
起○去穴三千丈得一火砂看地到此透地龍中用土
局平則木爲煞用木局平則金爲煞用火局平則土
爲洩俱不妥當仙師權衡其間見土砂主星突屼崢
榮全身獻秀○木砂側伺在後○火砂在遠在外透地乃
用金龕取土砂全副精神蔭注穴中所以官爵最高

宇透真傳圖

二三一

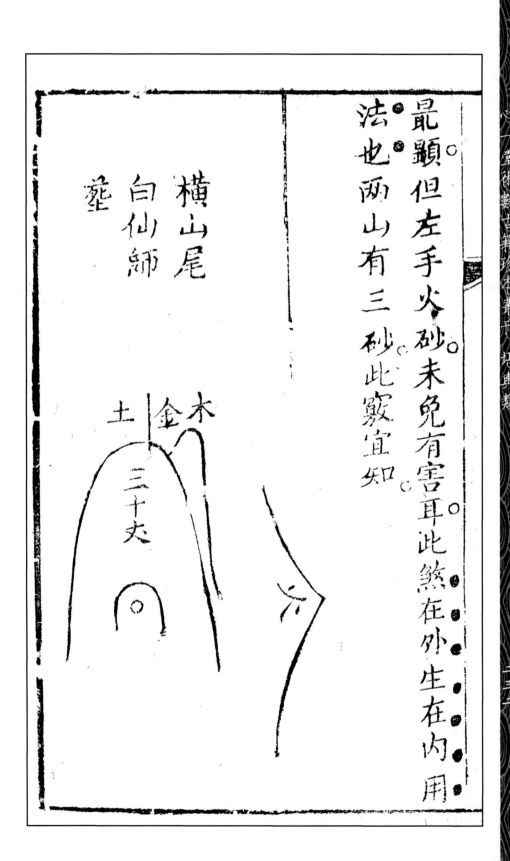

最顯。但左手火砂。未免有害耳此煞在外生在內用

法也兩山有三砂。此竅宜知。

橫山尾
白仙師
塋

木
金
土
三十丈

六

大墩阜

仰天螺

蝴形

蘇州十房庄劉氏螺蝴仰天形窩中左边薄右边厚。穴迁厚處頂上古云土宿中開似覆杯是也立丙向

丑艮
高厚
摧起

寅甲微動

壬子
明顯

厚

薄

得力在左肩丑艮高厚擁起所以發貴壬子微泡明

亮遂中解元寅甲稍動發貴者受害惜仙師初塟時

不用鋤剗平之○穴點厚處頂上○寫不塟心可知○

看此地之法可悟海寧靈樹坟之看法巳○

觀發福地父遠者莫如全州蔣氏黃花嶺蜈蚣形○

穴在萬仞高山之半塟入鉗內左右緊夾異龍扞天

乾向左臂未砂尖秀高起餘山行出十餘里右臂

甲○砂擁護長止半里生二孫長房當代即發侍郎

公至今十二三代。每代發科甲定有三四人。現今住

甲卯　短　不及

峻

未

發福从長

九五

柴頭灣者兄丁卯。弟巳卯子姪辛卯全榜三兄弟。又

甲午乙未聯捷一人全癸未中者。親叔姪全在翰林。

三十年中一門四舉人二翰林皆未砂所發世遠年

長癸之纍匕誠美地也。次房止丁才生貢而已。然二

房旺砂竟被長房生砂吊來甚奇想生高旺低之故。

劉自然楚真地仙也鄉科在卯在甲進士在未在乙

然觀此科分流年誰謂地非板定者。

休寧程淑義曰凡地後山高起面前寬大方為壯觀。

余曰今人家葬福地皆如此。而余私見以後山高起

者轉向作朝。而前寬大者耶為后坐更好淑義不省。

後往九華進香同向余曰先生之言誠為有見余觀

九華佛殿居蓮花中心。九個山頭環拱大江水自安

慶百餘里長當面拜來。地藏王佛真身坐未左以

汶江水囬正理也。後李太白將殿門向安慶來大江

者改轉向未左坐山自從改後日新月盛佛王較往

時更加靈顯正合坐虛向實法方信先生話非虛言。

但午龍午向未免多火災爾。一

傳聞京口大江中金山寺金山東晉時。郭璞令子葬

其身。余曾登臨見江水湍激徃下奔流金山一臂揮

入水中向上攔截之甚為可觀。夫何仰望龍潭皇天

蕩水竟汪洋浩瀚空曠无涯矣金山如一浮鷗主不

勝容。即使當日郭子葬父正穴亦未必發福然枞東

南大勢言之又該是一大地郭璞地仙定有確見因

想比處天工應當人代追念㝎游徐氏金斗形海寧

浩蕩无涯

不見

不見　止見　不見

見

門

陳府乾山巽地二作法此地亦當在塚堆圩面之前。

監一大門樓濶五六丈左右砌築高墻遮去大江。

兩边散漫之水人立穴前從門中看出去窄不如。

而未將岷山數千里秀氣盡行吸入注蔭穴中丹。

箭射寬不似風飄止見江心水光灎潊舒徐不迫。

加消納妥當如此地詎不是萬年天子幽宮自然。

社稷永慶無疆或曰佛殿僧房若何余曰止疵穴場。

前後左右各穿心一百号餘俱留不毀使朝夕聽

水　水

八字墻

八字墻

門限

兩道門

內

尚有訣

墻內

墻

幽宮

圖　圖

乙、

聞念佛誦經鐘皷磬魚聲亡人大有利益○雪心賦○

危樓寺觀忌聞鐘皷之聲○忌字當改喜字○

人立幽宮前看面前地步該長若干丈乃立內門○

限上外砌甬道乃立外門限先看江面宜用若干

寬○次看立向門限宜正不可犯陰陽差錯次看門

頂○橫梁高低該耵江水若干長須長短得宜典左

右○潤水相稱○門外八字墻宜大不宜小所云張山

食水吸盡西江之法也○此法不止金山用凡平洋平

陽用吸水法皆然

乙未年往京北晉地過宓雲縣見其未龍層～廉貞火星尨樓鳳閣体余曰大貴地也人曰此龍從口外未近千里左右隨尨界未水有數百里長余曰此帝王千秋萬歲地也慎不可輕說人有誑十惡大敗地初年壅下初年即發如雷數十年後發福人辭世其惡地應亦如雷而當時世人盛贊其為美地至今已敗尚不知其為惡者何也乙卯

年遊杭州。往靈隱看地。從西湖上岸。遙見寺後半山一高坟。人謂余曰那黃官坟。乙酉年壅丙戌丁亥即聯捷入詞林。今作尚書巳。余曰那坟高而危。不是個地及行至山脚見數荒塚在凹腦天財腹中。余曰此地可出宰相忽見右有壬砂帶亥三分。余曰雖發恐有不足處。全裝上山。但見新坟在祖坟外。正乘亥氣。立丙向右手酉上。一高太陽金逼焰。余曰此不可言地後十數年叫敎卜縈歸故里福壽双全盛奠太爲。

及壬辰年。余赴鄞縣仇滄柱先生處。過杭州寓荐橋張宅。見齋頭鄉用寶墨問從何處得來。主人曰此黄府拿出街上擰米荐憶何其速哉。

西湖勝景甲天下而西湖中湖心亭之景又甲西湖南北兩山左右抱來西湖汪洋大水澄蓄于後若有左氣穿透浮竅亦是一个地。

楊救貧怪穴歌有藕斷絲聯遇水安橋二圖穴法中取氣甚巧甚確余于右游塋趙緣督仙師山中見遇水

安橋穴。至蘇州橫山尾見藕斷絲聯穴穴中受氣一如

過水田之說也然要發富發貴湏兩边夾耳山皆成

星体或金或上或水坐生旺宫方可言地非徒止一氣

也此取安橋絲聯之意也

乙亥年武進南門不著裡見一地左手山高二夾腰

闆脉落平地起上右手山亦高二夾一鉄匠橫塟平

地驌在脉上向牧来水後培一土堆作靠子隨捐納

鄉縣此亦遷水安橋意

乙未進都寓錢藍旗李府。主人述塋親亥危入穴壙。中喎柴橫葬坐申向寅兼庚甲余曰擾說來危是真亥則長房受虧已果葬下十數年長房三四子女盡止。後到地視外立壬丙局丑艮砂高塚堆高一丈。餘塚後亥危高與塚腰相等。凡地納水之法止看坎面碑石不可犯八殺陰陽差錯以辯水之合局破局消砂之法視壙中放棺有正放者有橫放者有斜放者看穿透用法定公位吉凶摁由棺之斜正不

家雲之北

拘坟画。

山艮田四山平明堂

亥

低山

山地

塚尖高于右亥毡。

此圖并後圖看巒頭竅宜悟。

若焰壬丙放棺。

二五受禍。

凡砂高者強低者弱正理也然無錫馬鞍墩坤也

濕平陽左丙酉右丙午撼天顧氏扦辰巽向竟長發

少不發時夜飲坐言之余思右雖漢實高宜小發

何發長也忽想此定扳鞍穴左边丑艮有墩緊貼

穴旁故也次日到地看果然此見砂呈高而遠不若

砂呈低而緊貼穴也

無錫馬鞍塢顧氏地圖

盡平岡

迢平遠高山

西平高山

穴高丈

元尺高山

川州

田田

元尺高山

灘灘洄

洄

高穴丈五六尺

甲戌都中回南過无錫見山明水秀人文繁衍遂卜

居西門泳旗橋後固九龍山一方之望清翠秀色注

萃星中不意丙戌王狀元鈥焉此丁峯後地取藝余

身失夫僂來龍山作太祖錫山作少祖落下平甲直

龍進城不起墩埠此則壞埠從荷花橋過河生雌雄

二雄雌龍起梅花壞三四个穴結大墩嘴田中雄龍

鉄梗芳頼作紫作白虎夾讓雌龍行至穴右與雌龍

合而水出為中結明堂成御街形長近一里層七

穿透真傳

拜到穴下坤申龍外立乾向以丙戌乾水內透地龍

入火甫星水法云乾水多富而且貴龍神喜坐坤

申類合天地定位局也後背右肩砂遠淺背取火墩

脚泥築巽截龍氣送左入穴右肩取大路达泥築艮截

住去處以人力補天工庶兩子均利內外二局俱逆如此

地可多游邵

全州龍水上名寨背蔣氏八代祖墓也主山五股尿

關冲天木星送中落脉穴點虎口面前一大坪形勢

精美無比。余丁酉春見之。深羨如此地應該屢世科甲。夫何扦葬巽山乾向。竟然无用澄然

山游二起八火一金生氣穿見熱洩紛紜上大撼

正面起結構本意心中怪異四五年庚子秋初。周遭

先生登祖名余覆閱余在祖穴前細加推敲然偶

勉強不愜意思○　　　先生竚立右臂彎曲處乎余視

之心目懸然大慰曰此挽藍穴也天生一外山酉向地

透此入火四處星峯不撼而合催官卓立東南祿

神興起西此峯四五年髮慮一旦�'s然火解以巽龍

與砂言之二十年可至台衡益催官砂以本龍角為

之頭甚速〇者也〇凡地砂顯而穴隱〇人之求地唯看

砂情〇会合處方是真穴隱藏處世俗不知此竅徒

門面硬排者為地自慣亡人立多亡也〇　　砂情〇会

合中併求生旺盡去來淺〇

催官篇云砂形雖美位凶方亦恐歲久非患赤是凶

方指煞淺方言也〇歷來地理書誤以貴人金鐘等美

砂不可居辰戌丑未及各凶方〇不曉其中有生有剋

之砂如以美砂詔凶方不利則右游〇余氏兩京鴻

地理穿透眞傳

大金鐘形美也。而位凶方戊庬嚴陵詹氏止二嗣

太斷金形美也。而位凶方戊砬余則父甲戊子壬後

簷則丙戊鄉榜壬辰會榜竟不與各地理書合何也。

所以詹柱伖先生得道後深曉分別生尅之故心悅

誠服。定要挾贄也。丙甲冬題全州捕署區曰吏隱誌

云嚴陵張九儀余地孕所由受業也。先生非但堪輿世

牟胸中緼蘊蓄殊深本不欲來金因九鄉科道交

勃而至余因題此明非其志所頋也。本末具述地理

穿透真傳百里松舊篇內云。

余戚吾先生葬親初葬上次葬下直頂辛左俱不發。

第三葬山脉鐘沿口近地斜頂戌左扦乾巽無亥。

戌
辛
辛
戌
戌
辛

堂　內　作
去　築墻截
　長十笏削
　辛卯解
　元壬辰
　入翰林

己眼看子辛酉甲。
戌中後孫。

咸春戌破袋科甲方夫子曰世。八止取三吉六秀不知

辰戌丑未為太辰戌出帝王出聖賢如紹興禹陵雷

春天子周山東孔陵皆辰戌危也丑未出仙昔

郭璞為許真君江西匕山蔘地是未危全州無量壽佛

柳州人㮈出七佛三仙其湘山誌載釋迦佛出家時金

甲神云月與鬼宿合大聖此時出家又載鬼宿明佛

裏是鬼金羊萠佛放所以郭璞為許真君

獸與諳別

蔘天危也此又甫星丑水合局歌出人信崇求佛道如此

看來辰戌丑未較三吉六秀力更大。各地理書何沒

波也。誌又藏鬼金羊是朱雀喙郴州隸翼火蛇是來

弊尾皆禁火之次。傳言佛教火道教水牛金牛玄武。

水次。傳言當非誑語。　歷來地理書皆戔辰戌丑

秀次賊乾坤坎離。次賊甲乙壬癸。殊知人家無上甲

尤扦辛酉向卯酉科中壬子尤扦丁午向子午

科中坤尤扦甲卯向卯未科中兌尤扦丙午向午

寅釋卜葬人何岂拘泥為書而不方聽人家繁顯地

造化之生萬物周出天地而天地中運行造化之機○

寶出日月天有十二月地有十二方月照臨處皆○

造化宣布處而照臨中又得互相照臨造化為更厚○

如原龍二月司令太陽在戌以照之太陰對望在辰○

戌龍九月司令太陽在辰以照之太陰對望在戌此○

辰戌二龍戴寅申卯酉不相對著造化為獨厚也未○

龍六月司令太陽便在未太陰在丑對望丑龍十二○

月司令太陽郎在丑太陰在未對望此丑未二龍造

化固厚于亥子丑午而較辰戌又加厚焉若以厚或

二龍太陽相照尚在對宮丑未二龍太陽竟照臨本

宮宣布造化故辰戌出帝王聖賢丑未更出仙出佛

能趨三界夫何歷來地理書不究心到此也此又承

方夫子繩得秘傳驗之人間舊地悉如所言〇

嘗州靈境呈坎天尊羅真人援宅飛升聯土至今其

色不〇一辜陰地有飛天寶盖〇

云許真君亦援宅飛升陰地未寵〇

甲申年將寅

與王藏老先

來看此地余

叫明王辰樓

小教小順流

下小山頭

多彩砂出

王巳暁方

先生墓也經罡之東時□奥三桂親隸廬下猶

翔乎西亞雲去采訪第三公子表甲寅反數作偽相

塞二一家遭殃余曰峰山并无殺氣止水法犯破軍

臺刀形可畏斷至二房何為三公子犯先坐回未盡

時二房先絕三房便作二房右坐發福不差但水法破

軍何以亦如此凶余曰世人不知師乃重如此惡砂現形別

惡水亦如此應若砂形秀美端重惡水使應得經理書反冠

術人主知紛上論水不知看自古來人塚發福地皆由破

朴實人看地以巒頭形勢為主巒頭取其堅固形勢

取其就瞧便發福也自羅經解出而各家五行議論

紛紛余逐一研究攄其所論吉凶以考人家禍福皆

游移不盡一幸得海南仙道方有真知確見轄製羅

經九層第一層先天八卦即太極圖地理從出之原

也第二層周公指南針地中方位十二支合天山曜

合十二宮也地理之道盡此已後人又加八干四維

為二十四楊救貧以五行干旺為主火旺于午逐

百十

丙午金宮。水旺于子。遂壬子金宮。木旺于卯。遂甲卯金宮。金旺于酉。遂庚酉金宮。以故寅午戌

水局。坤壬乙從之。巳酉丑会成金局。巽庚癸從之。亥

百十

申子辰会成

丙辛從之。○

火局。○艮

会成

卯未会成木局○乾甲丁從之○名曰双山五行○今以人

家察福年分考之坤峯起○每在亥卯未年應艮峯起○

每在巳酉丑年應乾峯起○每在寅午戌年應巽峯起○

每在申子辰年應○竟不合天爨双山而合于癸午丁

今宅以干禄為主之人盤双山所以天盤二十四向○

反有十四向貼害人間也○而今列在第三層者以術

豪官用故指南針下即列縫針天盤也○至正針地盤

兩綱公鍼鬢針法列在第六層者以第八層第九

層宿度界限盤即天体也天下即地地上即天天盤

合一也中針人盤居第五層者正以其能合天合地

也夫一亥言天上壁水揄即地上觜娵之亥地盤之

亥尚半壁半室天盤之亥全移過壬室上惟人盤之

亥乃在壁宿正位雖地盤人盤亦有不能䂓裁與天

宿相合處然相差不遠不若天盤之大相懸絕也此

中針人盤居五層與第六層地盤相為表裏上合乎

天也昔徐試可羅經列人盤在外與天宿盤相合

宇遠真傳圖

倘亦窺得此意乎○何羅經解中並未說及此義

羅經背書　十行每行十字

一層先天卦地理祖也○二層十二支周公指南針羅
經祖也三層四層縫針天盤百廿分金從時好也○六
層七層正針地盤百廿分金典八層宿度九層界限
○盤相聯者天包地地承天也五層中針人盤居中蒼
○顧碩天足立地此盤得天地相合也毗陵張九儀曰

全州百里蔭松

余州非廣西地也。三面皆湖南郡邑。止西南一路往

桂林猶古嚴關。形勢可知。已州向名湘源。考湖廣三

湘水大原出與安東南海陽山中。倒流西北百四五

十里至分水斗。泰始皇鑿開以通（夢）粵。有廟祀焉。報

萬世永賴功也。三分其水。一分入灘。向西北行二三

里。即向西南至桂林轉南而東去廣東。二分轉向東

北流河二十里過全州城。下向永衡長沙滙三湘入

穿透真傳附

洞庭。可見全州非湘之原但驛路一百二十里古松

挿天蒼翠可愛行人冬夏受其蔭庇無不歌功頌德

土人曰此楊寡婦攻柳州城時所種隨查州誌明初

大守章復二守李習同心恊力種植此樹鳴呼前賢

之功德竟淹没于土人口是後學不能表章之罪也

余甚惧焉爰立石赤蘭路傍俾来往仕商見之知此

兩里除松為章李二賢遺澤垂三四百年前双員之心

慰後學之心安已

石碑録後

穿透真傳附

明交趾大守解 繪過全州偶成

國朝大守章君復種得青松來道長夏日行人名駐

馬全州一萬樹甘棠 大清康熙丙申嚴陵張鳳藻

年逾八旬赴 部候選奉 旨午門看驗蒙滿漢九

鄉科道聞報履歷廩膳生員一齊拱手道秀才恭喜。

吏目也去做年高力健上官定知愛敬抵任次春廣

西黃藩憲桂林 吳府尊召閱公署徙省見百里

蔭松力德大且久慨念 章李二賢恩垂奕世正宜

二

歲時尸祝何間士大夫。姓氏尚不知。詎前賢三四百

年遺澤可忽耶。愛勒解學士詩表著之。

大守章後鄱陽人　同知李習淮安人　並洪武元

年任　匡廬周公淮錄鐫　楚南蔣而文採石

報爛歷時都察院掌院左都御史○范公時崇拱手

道秀才恭喜衆驚愕曰他報廩膳生員是個秀才不

是耶。自衣了因此盡管拱手道喜

地理穿山透地真傳跋

地理穿山透地真傳，余祖治之淳安。又承方太夫子

太夫子得之宋時瓊州海南白仙師昔方太夫子習

李子業篤嗜地理无書不誦錄无法不講究无理不

研穷可謂博而精已然出議論稽之往籍非穴津津

有味及登山頭考之仙蹟則莈然也地之爰愁无穷

孫男　張元灼

張元煐　百拜述

又承方太夫子

一象形也。有葬鼻者有葬眼者一嘶風天馬也凶葬

口而彼又葬尾仝一龜也。有葬前肩者有葬後

脚者仝一鳳形也何以龍向合理葬龍口者不發龍

向穴合硬挖龍角者反發也且有高而葬山頂者有

低而葬水涯者有塟山之正面者有葬山之背後者

有葬直左者有葬偏坡者有葬石上者有葬水窩高者

已上人家所葬地正、奇之紛紛不一其中絕驗亦有

大窩大貴者焉有大窩小貴大貴小窩者焉有窩貴

而壽考令終有富貴而凶殘不善者焉且有困窮已

極而勃然發起者或隆盛盈滿而忽然歇滅者焉或為

王為侯而一乃子孫悠久一曰當身斬絕者焉且有

為盜為賊而關土開彊者焉且有本地發富發貴

者有遷竄他方而逅時以位者焉此皆奕地中所發

出而我登臨焉將用何法以決斷之若不能決斷已

徒何以多將來趨避之法忽遇一道人曰吾知汝用

心已苦吾与子入山中考驗之遂入山而下如見太

夫子曰。余閱書多且久。如此決斷法書上茫未之見

仙師曰。果元也。間一有之。而人錯用其解。大為鋪張

病入膏肓而不知。太夫子謂盡至誠拜誓以求仙師

鑒其懇篤開懷待慢方知地上㐲化多端。而撼不出此

渾天之竅。此竅一日一地。此四十地。此如此。即千百萬地

氣不此此。所謂勿其一等了畢者此也。後來地理書

皆合勿此。一竅手此竅不可輕視。乃地上為吉為凶

崇祿為禍之竅而地理書不合何以為地理書乎耶

以揲亭說讀之峯十呂素地仙壽皆浮詞虚話作分費

祇盤桓久叩求姓氏笑而不容徐曰余魯在藕房

丘南劉家扦仰天螺螄形异目到徹處使知余也及

余　祖內侍後到嵇州方知是宋時　自玉蟾仙師

也明初隱徐姓藥餔切藥三年因抱小兒往福建取

荔枝五之千里路晚回露仙机遂扦三地而川

余　祖慮日久遺忘述砂水要訣二篇藏之筒中不

料乙卯剩四彈子後乙夾年武進岩兩侶高老先生砂

水要訣未刊之先燕鄰郡人竊去砂訣一篇改頭易

面訛作賴氏書且多以水訣生砂訛砂法生睡幸

水法砂訣及庥榦砂歌甫畢水法俱讀歌竊砂不去不

能改然未經口授仙頭按点終不恴竅正恐悮人先

自謙如慈溪卓姓者人誠元譔識浑天宝鏡中之

竅庶幾孝問真而刊已刋人多多也謹述

康熙戊戌仲冬一陽之三日述于廣四余州督律史

有愧堂